An Altitude

# Kulturstätten der Indianer
## in West-Kanada

An Altitude SuperGuide

# KULTURSTÄTTEN DER INDIANER
## in West-Kanada

●

## von Pat Kramer

●

**Altitude Verlag Kanada Ltd.**
Die Kanadischen Rockies/Vancouver

# VERLAGS - INFORMATIONEN

## Altitude Publishing Canada Ltd.
### The Canadian Rockies
PO Box 1410, Canmore, Alberta
Canada, T0L 0M0


Copyright 1994 © Pat Kramer

Mit besonderer Vorsicht wurde darauf geachtet, dass alle Informationen in diesem Buch korrekt und auf dem neuesten Stand sind, und weder die Autorin noch der Verleger können für Irrtümer zur Rechenschaft gezogen werden.

## Canadian Cataloguing in Publication Data
Kramer, Pat
Indianer in West-Kanada

(SuperGuide) Test in German
ISBN 1-55153-011-2


1. Indians of North America – Canada, Western – Antiquities – Guidebooks. 2. Canada, Western – Antiquities – Guidebooks. I. Title. II Series.
E78.C2K7215 1994          971.2'01
C94-910215-6

## Hergestellt in West-Kanada
Gedruckt und gebunden in West-Kanada durch Friesen Printers, Altona, Manitoba.

## Altitude GreenTree Program
Der Altitude Verlag wird in West-Kanada zweimal so viele Bäume pflanzen, wie für die Herstellung dieses Produktes gebraucht wurden.

## Fotonachweis
**Umschlagvorderseite:** Oberer Teil eines Tipis
**Kleines Bild:** Detail eines Totempfahls
**Frontispiz:** Kopfschmuck von hinten gesehen
**Umschlagrückseite:** Tänzer ruhen aus während eines Turniers

## Am Buch Beteiligte

| | |
|---|---|
| Künstlerische Leitung | Stephen Hutchings |
| Design | Stephen Hutchings |
| Überarbeitung | Maggie Paquet |
| Deutsche Fassung | Ghiga Foulds |
| Überarbeitung der deutschen Übersetzung | Eva Sylvestre |
| Karten | Catherine Burgess |
| Seitenentwurf | Stephen Hutchings |
| | Mary Squario |
| | Catherine Burgess |
| Texteingabe | Michelle Fulton |
| Akten-Koordination | Sebastian Hutchings |
| Index | Noeline Bridge |
| Grafische Rahmen | Michelle Kramer |
| Farbtrennung | Friesen Printers |
| Halbtonverfahren | Stephen Hutchings |
| Technische Hilfe | Mark Higenbottam |
| | Craig Bowman |
| Finanzielle Verwaltung | Laurie Smith |
| Marketing Koordination | Terry Findley |

## Eine Anmerkung des Verlegers
Die in den Altitude SuperGuides beschriebene Welt ist einzigartig und faszinierend. Es ist eine Welt gefüllt mit Überraschungen und Entdeckungen, Schönheit und Freude, Fragen und Antworten. Es ist eine Welt von Menschen, Städten, Landschaften, Tieren und Wildnis durch die Augen jener gesehen, welche in ihr leben, mit ihr arbeiten und sich um sie kümmern.

Es ist auch eine Welt von Beziehungen, in der die Menschen ihren Sinn aus einem tiefen und beständigen Kontakt mit dem Land gewinnen—wie auch aus dem Kontakt miteinander. Und es ist dieses Gefühl von Beziehungen, das uns alle beim Altitude Verlag leitet, diese Stellen zu schüetzen und fuer die Zukunft zu erhalten.

Altitude SuperGuides sind Bücher zum Gebrauchen, nicht nur zum Lesen. Genau wie die Welt, welche sie beschreiben, entwickeln, sich und wachsen die Altitude SuperGuides. Bitte schreiben Sie uns Ihre Kommentare und Beobachtungen und wir werden unser Bestes tun, Ihre Ideen in zuküenftige Ausgaben dieser Büecher zu einzubeziehen.

Stephen Hutchings,
Verleger.

# INHALT

# Einführung in das Buch

**E**s gibt unzählige Stätten in West-Kanada welche Besuchern, die etwas von den Eingeborenen und ihrer Kultur erleben möchten, zugänglich sind. Viele Sehenswürdigkeiten sind jetzt im Besitz von Indianergemeinden oder gehören Privaten. Manche sind Partnerschaften, und viele werden staatlich verwaltet.

Private Touristikunternehmer und Museumsdirektoren sind zunehmend daran interessiert, Einheimische zu rate zu ziehen. Viele Gruppen und Verbaende der nicht-Indianer aeussern den Wunsch, die einheimische Kultur zu erhalten und sind im Darstellen der Indianischen Geschichte auf Genauigkeit bedacht. Dieses Buch unterstützt die ehrlichen Bemühungen aller, doch seine Hauptabischt ist es, den Stimmen der Eingeborenen Beachtung zu schenken.

Die Eingeborenen gehören nicht der Vergangenheit an, sondern dem Heute. Natürlich hat ihre Vergangenheit tiefe Spuren hinterlassen, aber es ist ihre Gegenwart die uns bereichert.

In diesem Buch werden die Unternehmen der Eingeborenen zuerst aufgeführt,

Die Indianerkultur in West-Kanada ist noch immer sehr lebendig. Während Powwows und anderen Zeremonien erwachen alte Traditionen und werden in die Gegenwart integriert.

da wir ihnen den Vorzug geben. Andere werden später aufgelistet, aber es gibt hervorragende Beispiele für beide.

Die Leser werden ermutigt, echtes indianisches Kunsthandwerk zu kaufen, einheimische Unternehmen zu unterstützen und indianische indianische Veranstaltungen zu besuchen.

Jedes Kapitel handelt von spezifischen Stätten, die der Allgemeinheit zugänglich sind und informiert Sie darüber wie sie zu erreichen sind, mit Namen, Adressen und Telefonnummern.

Stätten, die Plänkeleien zwischen Indianern und dem Militär glorifizieren, wurden übergangen. Erwähnt, aber ohne weitere Hinweise, sind Orte privater oder spiritueller Versammlungen. Angedeudet sind Festungen und Pelzhandelsposten. Zum besseren Verständnis sind die folgenden Erklärungen aufgeführt: Wo bei Tiernamen Artikel ausgelassen sind. z.B. Wal, statt der Wal, ist der Geist des Tieres gemeint.

Geschichten erzählen Ereignisse, welche sich vor langer Zeit zugetragen haben und sollten deshalb nicht als Legenden oder Märchen angesehen werden. Haida Gwaii ist der indianische Name der Queen Charlotte Inseln; wo immer möglich, wurden die indianischen Namen für Orte gewählt.

Mit " Kontakt" ist der Moment gemeint, da die Weißen begannen in die Kultur der Eingeborenen einzugreifen. Mit "früher" oder "frühere Zeiten" ist die Zeitspanne des kulturellen Aufblühens vor, aber auch nach dem Kontakt gemeint. Das Wort "Außenstehende" umschreibt die nicht in die Indianerkultur Hineingeborenen, aber es bedeutet nicht, daß sie nicht gerne gesehen werden, sondern einfach, daß sie Gäste sind.

# DIESES BUCH ENTSTAND UNTER DER MITWIRKUNG DER INDIANERSTÄMME

**D**en vielen Indianerstämmen aus British Columbia und Alberta, die bei der Zusammenstellung dieses Buches geholfen haben, wird ganz herzlich gedankt. Viele Leute nahmen sich die Zeit dem Autor Anweisungen zu geben, ließen sich interviewen, erzählten Geschichten und sprachen von ihren Traditionen. Von den selbstverwalteten Touristikunternehmen hat jeder Leiter Informationen für den Autor besorgt und dann hinterher den Wortlaut von seinen Aufstellungen nachgeprüft.

Die indianische Touristikgesellschaft bemüht sich um die Förderung und Entwicklung ihrer eigenen Produkte und Dienstleistungen und versichert gleichzeitig, daß ihre Kultur in Ehren gehalten und respektiert wird. Dieser Gesellschaft ist der Autor zu besonderem Dank verpflichtet.

Zwei Mitglieder des Verwaltungsrates, Frau Sandra White von der Siksika Nation und Herrn Gary Johnston von der Squamish Nation haben das Manuskript überprüft und ediert sowie auf kulturelles Wissen als auf den Bericht der indianischen Geschichte. Zur Zeit werden noch einige der Stammesnamen und deren Geschichte untersucht, während weitere Forschungen, die auf mündlichen Traditionen basieren, gemacht werden. Durch die umfangreiche Mitwirkung ergaben sich viele Vorschläge. Veränderungen wurden eingehend betrachtet und in den Text verarbeitet, damit allgemeine Übereinstimmung über die Information der umstrittenen Punkten herrschte.

Stephen Hutchings vom Altitude Verlag muß ebenfalls anerkannt werden, sowie seine Mitarbeiter, die sich alle bemühen Bücher so zu produzieren, daß sie besonders naturschutzbewußt sind und den Bewohnern vom Westen Kanadas gegenüber mit Sensibilität entgegen kommen.

## Neuigkeiten

Viele Informationsaufstellungen in diesem Buch findet man nicht in Telefonbüchern. Manche Listen entsprechen saisonbedingte, kurzfristige Unternehmen und die Information könnte sich ändern. Falls Sie irgendwelche Unterschiede merken sollten, benachrichtigen Sie bitte den Verleger damit spätere Ausgaben auf neuen Stand gebracht werden können.

**Wenn jemand eine Feder findet ist es Zeit, "Flügel wachsen zu lassen" und in fremde Läender zu reisen. Warum sonst hätte der Vogel sie gespendet? Bitte nehmen Sie die Federn dieses Buches mit auf ihre eigene Reise.**

# ZUGANG ZU DEN MUSEEN UND ZU DEN UNTER DENKMALSCHUTZ STEHENDEN PLÄTZEN

**D**as U'Mista Kulturzentrum in Alert Bay, das Duncan Heritage-Zentrum auf Vancouver Island, 'Ksan Indian Village in der Nähe von New Hazelton und das Head-Smashed-In Interpretationszentrum in der Nähe von Fort McLeod zählen zu den wichtigsten kulturellen Zentren im Westen Kanadas, die von Indianern geleitet werden. Der Autor hat sich entschieden die west-kanadischen Museen und unter Denkmalschutz stehenden Plätze an erster Stelle und die wichtigen nicht-indianischen Museen an zweiter Stelle zu erwähnen.

Im Royal British Columbia Museum in Victoria, im anthropologischem Museum der Universität British Columbia in Vancouver, im Glenbow Museum in Calgary und im Provinz-Museum in Edmonton befinden sich representative und gut erforschte Sammlungen von west-kanadischer indianischen Kunst. Es gibt einige Listen von kleinen Sammlungen von Kunst in örtlichen Museen.

Die meisten unter Denkmalschutz stehenden Plätze in diesem Buch, werden von verschiedensten Behörden unter Schutz genommen. Das »UNESCO

Das Glenbow Museum in Calgary stellt indianische Festkleidung, Kleidung und Kopfschmuck aus. Artikel aus Wildleder werden regelmäßug mit Kreide bestäubt, um sie weiß zu halten.

Das anthropologische Museum an der Universität von British Columbia in Vancouver enthält eine reiche Sammlung von westküsten Totempfählen und Kunstgegenständen der Westküstenbewohner. Das Rabenstamm Symbol »Oweekeno« war einst Teil eines Hauseingangs.

World Heritage Site« Programm schützt in situ aus pädagogischen Gründen das »Head-Smashed-In Buffalo Jump« in Süd-Alberta und Ninstints verlassenes Dorf in Haida Gwaii. Das »Canadian Federal Heritage« Programm schützt die Kitwanga Totempfahlgebiete, Battle Hill (Schlachthügel) und das 'Ksan Dorf in British Columbia.« »Parks Canada« ist für Elk Island National Park und Wood Buffalo National Park zuständig, die beide Naturschutzgebiete für die Büffelherden sind.

## Möglichkeiten für Recherchen: Alberta und B.C.

# ZUGANG ZU ECHTER INDIANERKUNST

**E**inige Galerien und Kunsthandwerksläden in West-Kanada befinden sich im Besitz von Eingeborenen, jedoch viele bekannte, ältere Unternehmen die es nicht sind, haben seit Jahren redlichen Handelsverkehr mit eingeborenen Künstlern. In beiden Fällen wird der Leser gebeten echte indianische Kunst zu kaufen. Westkanada ist bekannt dafür, daß Quali-tätsware der Eingeborenen gefördert wird, hauptsächlich durch Galerien und museums-eigene Geschenkartikelläden. Leider werden in Kaufhäusern und "Touristenfallen" kaum echte Waren angeboten. Es gibt noch keine Zeichen oder Etiketten die auf echte indiani-sche Handarbeit hinweisen, mit Ausnahme der Cowichan Pullover und Jacken, die mit "Cowichan Indian Knit" Etiketten versehen sind.

Dieses Buch führt Unternehmen auf, die einen guten Ruf für den Verkauf echter indianischer Quali-tätsware und Kunstwerken haben.

Jeder der sich Zeit nimmt diese Läden ausfindig zu machen, kann sicher sein, gute Qualität und Handarbeit zu bekommen.

Für Leser, welche sich in der Eingeborenenkunst des Westens nicht auskennen: die meistgefragten Artikel aus B.C. sind Cowichan Jacken, gravierter Silberschmuck, Drucke begrenzter Ausgabe, Holzmasken, Platten und Schüsseln. In Alberta findet man ausgezeichnete Körbe, Mokassins aus Wildleder, Wetterkleidung und Perlenarbeiten.

Calvin Hunt, ein Schnitzer des berühmten Hunt-Stammes greift tief in die mystischen Erzählungen seiner Kultur, um seinen Masken Leben zu verleihen.

Zur Zeit gibt es eine neue Bewegung in Prärie-kunstdrucken. Im Norden sind Specksteinskulpturen sowie Drucke berühmt. Anderswo ist Keramik die Spezialität der Eingeborenen.

# ZUGANG ZU INDIANER-VERSAMMLUNGEN

**E**s sind die öffentlichen Versammlungen, welche dem Besucher die intimsten Begegnungen mit der Eingeborenenkultur vermitteln. Museen haben Kollektionen von Dingen, in Parks und Reservaten sieht man wie es vor dem Kontakt aussah, in den Versammlungen der Eingeborenen jedoch stellt sich der Mensch dar.

Im Laufe eines Jahres veranstalten Eingeborene mehrere Feierlichkeiten. Von der jeweiligen Tradition abhängig können das Gedenkfeiern, Namensgebungen, Hochzeiten und Versammlungen sein. Es gibt auch Tänze, Festessen und Potlatches, doch sind diese meistens privater Natur.

Hier sind nur die Festlichkeiten aufgeführt, denen Besucher beiwohnen können. Zum Aufstellen eines Totempfahles, zu Powwows und Völkerversammlungen sind sie freundlichst eingeladen. Eine Gebühr kann manchmal verlangt werden. Die Älteren haben öfter private Zeremonien als Einleitung, aber da gehören wir nicht hin. Es gibt reichlich Gelegenheit für das Publikum den Trommelschlägen der Völker bei öffentlichen Festen zu lauschen.

**Tänzer warten auf ihren Auftritt**

**PowwowTänzer in Alberta**

## Indianer-Versammlungen

**Listen der Eingeborenen-Versammlungen in West-Kanada erhält man:**
Für British Columbia: bei Visitor Inquiries, BC Tourism Division, 1117 Wharf St, Victoria, BC, V8W 2Z2, Tel. (604) 356-6363.
Für Alberta: Alberta Tourism, 10155 102 St, Edmonton AB, T5J 4L6, (403) 427-4321, Nulltarif 1-800-661-8888.

**In Alberta lauscht eine Gruppe Tänzer den Gebeten und Reden der Älteren vor der Eröffnung der Tanzturniere.**

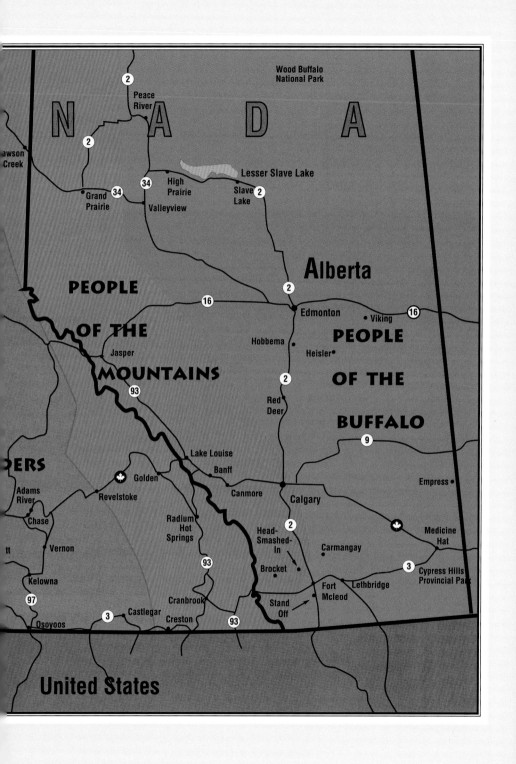

# DIE LACHSMENSCHEN

**Die untergehende Sonne illuminiert das Meer und den Wald - Heimat der Eingeborenen der Nordwest-Küste.**

**A**nthropologen spekulieren, daß entlang der pazifischen Küste schon vor 5000 Jahren stabile Gemeinschaften existierten, ungefähr seit der Zeit der Ägypter. Nach und nach hat sich ein dreirangiges Sozialsystem gebildet: Aristokraten, Gemeine und Sklaven. Die Aristokratie lebte luxuriös und freute sich ihres Reichtums, nicht um Reichtum zu sammeln, sondern über das Prestige ihn verteilen zu können. Die Gemeinen waren Jäger, Händler und Handwerker. Im Vergleich zu ihnen führten die Sklaven eine miserable Existenz. Sie waren die Beute aus periodischen kriegerischen Angriffen.

Auch heute noch sind sich viele Eingeborene ihrer Herkunft bewußt und haben Verständnis für die Mühsal der Gefangenen in ihrem Stammbaum. Indianergemeinschaften freuen sich weiterhin, wenn ein Nachkomme eines Gefangenen zurückkehrt.

Obwohl die Eingeborenen an der pazifischen Küste hauptsächlich Jäger und Sammler waren, haben sie eine den landwirtschaftlichen Gemeinschaften ähnliche Sozialstruktur. Sie waren nämlich einer fast unbegrenzten Nahrungszufuhr sicher: dem alljährlichen Zug von Millionen von Lachsen. Tausende von Fischen wurden gefangen und getrocknet. Ausserdem lieferte das Meer Schalentiere und gelegentlich einen Walkadaver. Jäger erbeuteten Bären, Rehe und Elche, während andere Beeren sammelten. Dank solchem Überfluß konnte sich ein blühendes Sozialgefüge entwickeln. Handwerker hatten Zeit Großhäuser und seetüchtige Boote zu bauen und aufwendige Feste vorzubereiten. Auch eine große Schenkungszeremonie war dadurch möglich: der Potlatch.

## Die Lachsmenschen

| ÜBLICHE NAMEN | NEUE NAMEN |
|---|---|
| Nootka | Nuuchahnulth |
| Kwakiutl, Kwagiulth | Kwakwaka'wakw' |
| Bella Bella | Heiltsuk |
| Bella Coola | Haisla, Nuxalk |
| Tsimshian | Nishga'a. Gitskan, Wet'süt'sen |
| Tlingit, Chilkat, Tlinkits | Tlingit |

In diesem Buch werden, wenn möeglich, die neuen Namen verwendet, aber wo es Mißverständnisse geben könnte, z.B. in einer historischen Schilderung gelten die alten.

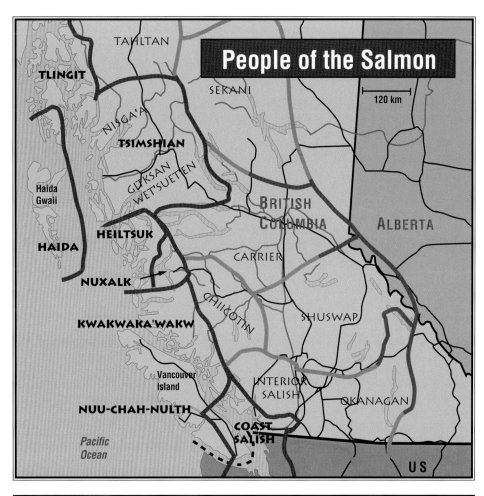

## People of the Salmon

TAHLTAN

TLINGIT

SEKANI

120 km

NISGA'A

TSIMSHIAN

GITKSAN
WETSUETEN

Haida
Gwaii

BRITISH
COLUMBIA

ALBERTA

HEILTSUK

CARRIER

HAIDA

NUXALK

CHILCOTIN

SHUSWAP

KWAKWAKA'WAKW

Vancouver
Island

INTERIOR
SALISH

OKANAGAN

NUU-CHAH-NULTH

COAST
SALISH

Pacific
Ocean

US

## Ein Förderer des Indianischen Tourismus

**Der Direktor der "First**
Nations Tourism Association"
**Gary Johnston**, selbst ein
gebürtiger Coast Salish, wurde
1993 vom B.C. Ministerium für
Tourismus beauftragt eine
Studie über die Teilnahme der
B.C. Eingeborenen am Service
für Touristen durchzuführen. "Es
gibt schon 185 Unternehmen
die Indianern gehören," sagte
Herr Johnston, z.B. eine Fluglinie, zwei Kulturzentren, einen

Gasthof für Angler, fünf Urlaubskomplexe und ca 30 Camping-
plätze. Jedoch gibt sich nicht
jeder den Eingeborenen
gehörender Betrieb als solcher
zu erkennen.

Manche Besucher wissen
gar nicht, daß der Service der ihnen geboten wird von einem
Stammesrat oder einem Einge-
borenenunternehmen kommt.

# WOHNUNGSTYP: DAS GROSSHAUS

Dörfer mit bis zu 50 Großhäusern waren üblich vor dem Kontakt.Jedes Haus hatte Platz für 40-50 Personen, mehr oder weniger miteinander verwandt. Diese nachgebauten Großhäuser stehen beim Museum of Anthropology in Vancouver.

**D**ie Urbevölkerung der Küsten von British Columbia lebte nicht in Tipis. Da sie Unmengen von Zedern zur Verfügung hatten, bauten sie massive, rechteckige, ca. 275 qm große Häuser. An den Schmalseiten wurden zentrale Firstbalken von Rahmenpfosten gestützt. Die Wände und das leicht schräge Dach waren aus Zedernplanken. Eine Öffnung im Dach ließ den Rauch abziehen, während ein "Überdach" das Hereinregnen verhinderte. Ovale Türöffnungen waren klein, um Durchzug zu vermeiden. Manche Haustypen hatten erhöhte Plattformen welche den Innenwänden entlang liefen. Feuerstellen wurden direkt in den Boden gelegt.

Ein Großhaus hatte reichlich Raum für ca. 50 Personen, meistens Mitglieder derselben Sippe. Manche Stämme verschalten einen Privatraum für jede Familie, während die Haida Schlafpritschen bauten. Alle Großhäuser hatten Regale und jede Familie besaß Holztruhen für eigene Habe, sowie Decken, Felle und gewebte Zedernmatten. Wichtige Großhäuser hatten auch Namen, einer übersetzt heißt "Wolken stossen sich an ihm beim Vorüberziehen."

Bis zu 50 Großhäuser bildeten ein Dorf. Mehrere Dörfer zusammen zählten bis zu 30,000 Personen, welche mehr oder minder miteinander verwandt waren. Im größten Dorf wohnte der wichtigste Häuptling, in den kleineren Sub-Häeuptlinge.

Dorfverbände verteidigten sich gemeinsam gegen Raubzüge und wenn die Angriffe sich häuften, wurden Dörfer befestigt. Manchmal wurden Hüegelfestungen gebaut, wo Wachen untergebracht waren. Sie schüetzten vor Eindringlingen und kassierten auch Strassenmaut von Passanten.

Die kälteste Jahreszeit verbrachten die Familien in ihren Dörfern. Die Regenzeit wurde mit langen Wintertänzen überbrückt und alle paar Jahre gab es einen Höhepunkt: ein Potlatchfest. Im Sommer zogen viele zu provisorischen Camps, wo das Fischen sich rentierte, manche bauten Hütten wo es Beeren gab, und andere ließen sich in Strandnähe bei ergiebigen Austern-und Muschelbetten nieder. Die

**Traditionelle Grosshäeuser dienten als Vorlage für moderne Sippenunterkünfte.**

Erträge wurden von spezifischen Familien, welche auch den Tauschhandel betrieben, kontrolliert. Beim Lachseinbringen jedoch halfen alle fähigen Erwachsenen, mit Ausnahme des Häuptlings und der Älteren. Wenn dann der Winter wiederkam, kehrten alle in ihre Dörfer zurück.

Vor dem Haus stehende geschnitzte Totempfähle dienten zur Identifizierung des Sippeneigentums eines jeden Großhauses. Man kann sie mit Wappenschildern vergleichen und auch ein Fremder erkann-te an ihnen wer hier wohnt. So konnte man vermeiden, bei unfreundlich gesinnten Clans einzutreten. Wenn der Totem Bekannte anzeigte, konnte man auch für längere Zeit verweilen.

Nicht-Indianer konnten die Totems nicht dechiffrieren und gingen einfach hinein, was äußerst unhöflich war. So wurden Warnzeichen auf englisch an die Häuser gemalt.

1901 wurde an einem Haus ein Schild angebracht: "Er ist einer der wichtigsten Häuptlinge aller Stämme dieses Landes. Weißer Mann kann sich erkundigen," gemeint ist: bevor er hereinkommt.

## Eine Fotosafari: Großhäuser

Man kann die modernen Großhäuser, die benutzt werden, von außen sehen. In manchen Gegenden werden sie auch "Langhaus" genannt.

Für Informationen über British Columbia Großhäuser die man innen besichtigen kann, verlangen Sie die Tourism Pocket Guide: "Native Cultural Products and Events Nr. 31", B.C. Ministry of Tourism. Tel. (604) 660-2861, fax (604) 660-3383

| | |
|---|---|
| Traditonelle Großhäuser | 6393 NW Marine Dr, Vancouver |
| Native Education Centre | 283 E 5th Ave, Vancouver |
| Traditionelle und moderne Großhäuser | Welsh St, North Vancouver |
| Coqualeetza Cultural Centre | Sardis |
| Donnervogel Großhaus | Thunderbird Park, Victoria |
| Großhaus, nachgebaut | Royal B.C. Museum, Victoria |
| Vier Langhäuser | Native Heritage Centre, Duncan |
| Lau'Welnew Stammesschule | Brentwood Bay |
| Kwagiulth Museum | Quadra Island |
| U'mista Cultural Centre | Alert Bay |
| Traditionelle und moderne Großhäuser | Bella Coola |
| Acht Großhäuser | "Ksan Village, New Hazelton |
| Verlassenes Großhausdorf | Ninstints, Haida Gwaii |
| Großhaus mit Pfahl von Reid | Skidegate, Haida Gwaii |

# Lachs: Ein Lebenswichtiger Fang

Frischer Lachs wird auf Erlenholz ausgebreitet und über einem langsamen Feuer in traditioneller Weise zubereitet. Man kann so etwas in der TsaKwaLuten Lodge oder während der Feste der Eingeborenen probieren.
KLEINES BILD: Uralte Piktographien werden manchmal in der Nähe von Lachsfangstellen gefunden. Ihre Bedeutung ist in der Vergangenheit verloren.

**D**ie historische Bedeutung der Lachse für die Eingeborenen der Pazifikküste, wie auch die des Binnenlandes, wird durch Felsmalereien bekräftigt. Die alljährlich wiederkehrenden Lachse waren die Existenzgrundlage für ihr traditionelles Leben. Alle waren Meister im Fischfang. Manche Clans machten Unterwasserzäune aus Zweigen, manche flochten Netze aus Nesselfasern, welche in Holz gerahmt wurden, wieder andere stellten Unterwasser-Trichterfallen auf, sowie Haken aus Knochen und Hartholz. Lachse wurden tonnenweise filetiert, zum Trocknen aufgehängt und in mattenverkleideten Hütten geräuchert.

Der Lebenslauf des pazifischen Lachses ist erstaunlich. Die meisten laichen nur einmal im Leben und sterben nach wenigen Stunden. Jede Generation kehrt zu der exakten Laichstelle, wo sie geschlüpft ist zurück. Das Durchschnittsgewicht dieser Lachse beträgt 9 kg. Sobald sie in das Süßwasser zurückkommen, fressen sie nicht mehr. Manche entwickeln nun

## Wo die Eingeborenen in traditioneller Weise fischen

**Die Lachscamps der Einge-** boren sind von Mitte Juli bis Ende August rege. Außenstehende sollten von den Fischern Abstand halten. Auskunft: B.C.

Travel InfoCentres in Lillooet, Tel. (604) 392-2226, Nulltarif 1-800-663-5885, in Moricetown (604) 847-5227

Farwell Canyon bei Williams Lake ......Hakenspeeren, Trocknen nahbei
The Old Bridge bei Lillooet ................... Netzfischen, Trocknen
Moricetown bei Terrace .........................Hakenspeeren, Trocknen nahbei

Ein gemeinsames Programm des Staates und der Provinz überwacht alle zurückkehrenden Lachse. Millionen werden jetzt in Fischzuchten gebrütet, und weitere Millionen in der Natur geschützt.

Hakenschnauzen, einen Buckel oder bekommen offene Wunden. Die Weibchen graben eine Kuhle und nach dem Laichen bedecken beide Eltern ihre Eier mit Sand, den sie aus dem Boden wühlen. Die Jungfische schlüpfen nach 1 bis 5 Monaten, abhängig von der Gattung und der Wassertemperatur.

Um die Anzahl der Lachse zu steigern, fangen private wie auch staatliche Zuchtanstalten die Fische ein und brüten ihre Eier. Mit wilden Lachsen verglichen haben diese eine 10fache Überlebenschance. Diese Zuchtanstalten kann man besichtigen und Besucher können die Jungfische in ihren Tanks wimmeln sehen oder von ca. August bis Ende Oktober die Rückkehr der Erwachsenen beobachten.

Am Eindrucksvollsten ist die Rückkehr der Sockeye. Im Oktober kann man sehen, wie die erschöpften Fische sich stromaufwärts kämpfen und Gefährten suchen.

Manche Indianerverbände fischen weiterhin in traditioneller Weise. Die Fische werden vom Ufer aus in Netzen und mit Speerhaken eingefangen. Während der Saison kann man sich das ansehen, auch die Camps wo die Lachse bearbeitet werden.

In einer Hütte räuchern die Eingeborenen den ganzen Lachs in altehrwürdiger Weise: das Holz von spezifischen Bäumen und ein Minimum an modernen Geräten.

## Wie man einen Lachszug beobachten kann

**Zwischen Juli und Oktober,** ca. 2 Wochen, dauert die Saison. Man sollte die Federal Fisheries Branch anrufen, ob die Lachse kommen. Wer sie in der Wildnis beobachten will tut gut daran, in der Nähe der Straße zu bleiben, weil die Bären sich ebenfalls für die Lachse interessieren. Eine Broschüre "Where and When to See Salmon" erhält man bei Fisheries and Oceans Publications, 400, 555 West Hastings St, Vancouver B.C., V6B 5G3, Tel. (604) 666-0384.

# ZEDER: VERWENDBARES WEICHHOLZ

Die Zeder ist ein außerordentlich nützlicher Baum. Aus seiner Borke lassen sich leicht Streifen abziehen, und doch hat das Holz feste Ränder wenn es geschnitzt wird.

**D**ie westliche Rot- oder Gelbzeder spielt seit Jahrtausenden eine einschlägige Rolle im Lebensstil der Küstenbevölkerung. Jeder Teil des Baumes wurde verschiedentlich verwendet.

Aus langen Streifen der inneren Rinde flocht man trichterförmige Fischfallen, Körbe für die Beerensammler und Matten. Diese wurden auch auf Astgerüste gelegt und bildeten so sommerliche Schutzhütten oder Räucherbuden.

Zweige wurden getrocknet, mit Felsstücken flach gehämmert, gespalten und dann zu Stricken gerollt. Dünne Stricke nahm man für Fischnetze, stärkere für Hängebrücken.

Aus Zeder fertigten die Eingeborenen auch verschiedene Kleidungsstücke an. Man schmückte sich mit Stirnbändern aus Zeder. Frauen trugen das ganze Jahr über Zedernröcke. Männer waren im Sommer nackt, aber in der Regenzeit war man froh, daß es Regenumhänge, Überzüge mit Gürteln und breitkrämpige Regenhüte aus Zeder gab. Zusätzlich wurden auch Felle genommen. Gesponnene Hundehaare und Bergziegenwolle verwendete man für Kleidung.

Geschirr, Schalen und Utensilien waren aus Holz. Erlenholz ist geschmacksneutral und wurde für Löffel bevorzugt. Aus Bergziegenhörnern machte man große Kellen. Schüsseln und Platten, in der Form eines Adlers oder eines Bären geschnitzt, dienten zum Servieren. Manchmal wurden hohle Stämme dekoriert, mit kleinen Rädern versehen und für Potlatchfeste mit Speisen für Hunderte gefüllt. Keramik war vor dem Kontakt unbekannt.

Die wasserdichte "Bent Box" war eine besondere Art von Kochtopf. Flache Zedern-

stücke wurden gekerbt, gefaltet und mit Dübeln an den Rändern befestigt. Solche Gefässe hielten etwa 15 Liter. Das Wasser gelangte zum Kochen, indem man glühende Steine eintauchte. Manche dieser Kästen waren verziert und dienten als Truhen für die Familienhabe.

Für die Herstellung von Kriegsbooten gebrauchten die Schreiner aus Knochen oder Elchhorn gefertigte Meißeln und D-förmige Beile. Bäume wurden mit Hilfe einer Durchbrennmethode gefällt, und mit heißen Steinen das Innere ausgehöhlt. Die Nuuchahnulth waren dabei besonders geschickt und ihre Kähne wurden für langdauernde Walfischfänge benutzt.

Gelbzeder ist weiterhin das beliebteste Holz für Totempoles, weil es sich wie Butter schneiden läßt, und wenn fertig, solide Ränder hat.

Massive Großhäuser entstanden aus Zedernstämmen mit Wänden aus Planken. Wenn ein Haus verlassen wurde, brach man Dach und Wände ab und ließ das Balken/Pfahl Skelett stehen. Wenn der Clan zurückkam, war das Haus schnell wieder aufgebaut.

Ein Wanderer kann heutzutage lebende Zedern finden, die im unteren Bereich des Stammes rechteckige Narben aufweisen. Das sind Stellen wo Borkenstreifen abgezogen wurden. Diese "kulturell modifizierten" Zedern stehen unter Schutz und werden nie gefällt. Sie stehen da als Mahnung, daß man mit der Natur sorgfältig umgehen soll, sogar während man ihre Produkte benutzt.

## Chehltin, ein Zedernschnitzer

"Wenn ich übermüdet bin entspanne ich mich am besten indem ich mein Messer im Holz tanzen lasse", sagt **Brian Williams,** der in der eigenen Sprache Chehltin genannt wird, was soviel bedeutet wie "es suchen". Er ist gebürtiger Coast Salish und Mitglied des Squamish Verbandes. Er schnitzt traditionelle Ornamente, auch Sprecherstäbe, die wie ein Richterhammer bei großen Versammlungen anzeigen wer das Wort hat. Wer den Stab hält, spricht.

Seine Werke sind bei Khot-La-Cha Coast Salish Handicrafts, 270 Whonoak St, North Vancouver B.C. erhältlich. Tel. (604) 987-3339.

# TotemPoles: Familienwappenschilder

**Früher wurden Pfähle in dieser Größe als Stützen im Inneren der Häuser angewendet. Der Pfahl im Vordergrund erzählt vom Bärenclan. Auf demjenigen im Hintergrund links davon sitzt oben eine Müeckenfigur.**

**D**as Schnitzen von Totempoles ist eine einzigartige Kunst der Indianer an der pazifischen Küste. Ein Totem ist eine Serie von senkrecht geschnitzten Gestalten, die hauptsächlich das Familienwappen darstellen. Sie wurden jedoch nie angebetet. Manchmal werden zur Verzierung spezielle sagenhafte oder übersinnliche Figuren zugefügt. Nur die Familie, die den Totem bestellt hat, kennt wirklich seine ganze Bedeutung. Außenstehende können sie nur ahnen.

Alte Sippen sterben aus und neue entstehen, auch heute noch. Im XIX Jahrhundert wurde der Doppeladler des Zaren durch russische Händler bekannt, und das Biberemblem durch die Hudson's Bay Company. Aus diesen Symbolen der Pelzhändler entstanden später Nachnamen der Sippen. Heutzutage honoriert man Erfolge, indem ein neuer Fami-lienname wie z.B. "Friedensmacher" während eines Potlatches oder einer Gedenkzeremonie verliehen wird. Übernatürliche Tiergestalten werden auf vielen Pfählen geschnitzt. Riesenspecht ist häufig im Norden anzutreffen, während Donnervogel im Süden öfter vorkommt. Es gab eine Zeit, da konnten sich Bär, Wolf und Biber in Menschen verwandeln und alle haben menschliche Familien gegründet. Diese Darstellungen von Tieren sind alte Familiennamen.

Eine andere beliebte Gestalt ist Rabe, ein übermütiger Vogelmensch. Die Haida meinen, er fand die allerersten Menschen, die in eine Muschel eingezwängt waren. Einst ärgerte er die Menschen, indem er ihnen Sonne und Mond stahl - er gab sie aber zurück!

Manchmal sind die Gestalten belehrend, z.B. "Harmonie" kann durch eingehakte Menschen dargestellt werden. Ein Totem konnte auch zur Beschämung bestimmter Personen dienen. Auf den Kopf gestellt oder mit rückwärts gedrehten Füßen konnte man sie zum Zahlen von Schulden bewegen. Ein B.C. Totempole stellt eine weinende Frau dar, die ein kostbares Waldhuhn in der Hand hält - es soll eine ungewöhnliche Hungersnot bedeuten.

Pfähle im Hausinneren waren mit Darstellungen beliebter Erzählungen dekoriert. An Winterabenden, im Schein des Feuers bildeten sie eine reizvolle Kulisse für die Tänze.

Vor jedem Großhaus stand ein Totempfahl. Besucher studierten diese hauptsächlich um das Wappen zu identifizieren. Viele Stämme benützten sowohl die Wappen der Frauen wie diejenigen der Männer. Indem sie die Wappenschilder erkannten, konnten durchziehende Fremde beurteilen, ob man hier freundlich empfangen würde oder nicht.

Heutzutage werden neue Pfähle mit dem gleichen Ernst wie deren Vorgänger geschnitzt. Alte Pfähle werden nach alten Regeln dupliziert. Berühmte moderne Schnitzer sind: Norman Tait, die Hunt Brüder, Richard Krentz, Ellen Neel, Mungo Martin. Frühere Schnitzer waren an ihren Clanfiguren zu erkennen, aber ihr eigener Name ist im Nebel der Vergangenheit verschwunden.

## Mark George: ein Totemschnitzer

**Mit seinen Brüdern und** Freunden lernte Mark George zu schnippeln. Zunächst machte er Holzschalen und Sprecherstäbe, später wurde er durch Abalone-Intarsien bekannt.

Jetzt, da er Totems in voller Größe schnitzt, ist er berühmt. Auch er ist ein Coast Salish. Bevor er sich für ein Muster entscheidet, recherchiert er die Interessen der Auftraggeber. Er meint: "Die Weißen ziehen leichtzudeutende Tiere vor, aber ich werde mein eigenes Wolfswappen nur auf Pfählen für meine eigene Familie einarbeiten." Abhängig von der Größe und der Kompliziertheit braucht er 2 bis 8 Monate dafür.

"Ich mag es, wenn Kinder mir bei der Arbeit zuschauen", sagt er während er schnitzt, "ich lasse sie sogar manchmal die Pfähle bemalen, denn sie haben keine Hemmungen". Mark

George will sein Talent an die nächste Generation weitergeben und seine Totems sind einmalig, sie beweisen, daß auch Kinderhand am Werk war.
Mark George Carvings, Tel. (604) 984-6386.

# DIE COWICHAN JACKE: EIN ORIGINAL VON INDIANERN GESTRICKT

Echte Cowichan Jacken in natürlichen Farben schwarz, weiß, grau und braun werden aus handgesponnener Wolle, dungsstücke aus lanolinhaltiger, selbstgesponnener Bergziegenwolle. Die Wasser abweisenden

japanischen Markt. Nichts ist mit den naturgefärbten Originalen - jedes in Handarbeit auf dem Lower Mainland oder auf Vancouver Island von Eingeborenen gestrickt - zu vergleichen. Zusammengezählt pro-

genau wie vor 100 Jahren gemacht. Obwohl die Kunst des Strickens aus Island oder Schottland kam, gibt es jetzt eigene Dessins, wie den Doppeladler, Adler, Reh, Wal und den beliebten Donnervogel. Eingeborene waren längst hervorragende Weber, die Decken aus Bergziegenwolle machten, aber das Rundstricken haben sie wohl von Nonnen oder von einer schottischen Pionierin, Jeremina Colvin, oder von Japanerinnen die in Gillnettern zu Besuch kamen, gelernt. Egal woher auch ihr Können kam, seit 100 Jahren schon stricken die Indianerinnen originelle, warme Klei-

Jacken, Pullover, Mützen, Schals und Fausthandschuhe sind heute sehr gefragt. Eine Lieblings-Cowichanjacke wird geflickt, gestopft, bis sie nach 10-jährigem täglichen Tragen unbrauchbar wird. Diese warmen Sachen sind so berühmt geworden, daß königliche oder andere VIP Besucher sie als geschätztes Geschenk aus Kanada sammeln.

Imitationen, manchmal in falscher, pastellblauer Farbe ausgeführt überfluten den

duzieren sie etwa 800 Jacken pro Monat.

Beachten Sie beim Kauf das mit "Cowichan Indian Knit" und einer Nummer bezeichnete Etikett. Information: Sasquatsch Trading Mail Order, 1233 Government St, Victoria, BC, V8W 1Y6, Tel. (604) 386-9033; Authentic Cowichan Knits, 424 West 3rd St, North Vancouver, BC, V7M 1G7, Tel. (604) 988-4735.

## Die Geschichte des Donnervogels

**Wenn ich fliege schallt der Donner durch die ganze Welt.**

Kriegsgesang, Kwak-waka'wakw

In weiter Vergangenheit, sagt man, hatten die Tiere dieselben Wesenszüge wie Menschen. Einst hatte ein riesiger Killerwal alle Lachse im Meer aufgefressen. Menschen litten Hunger. Ihre Häuptlinge flehten den Wal an fortzuziehen, doch er lachte sie nur aus. Schließlich wurde ein Kongress der großen Häuptlinge einberufen. Ein starker Wind blies vom Meer, es blitzte, und sie fühlten die Gegenwart eines unsichtbaren Geistes. Dieser fragte: "Was tätet ihr für mich wenn ich euch helfe?" Die Häuptlinge versprachen fortan als Zeichen ihrer Verehrung sein Ebenbild darzustellen.

So zeigte sich denn Donnervogel, riesig, mit spitzen Krallen aus denen Blitze fuhren, und von seinen sonnenverfinsternden Flügeln rollte Donner. Er packte den Wal und warf ihn an Land, wo er sich in einen Berg verwandelte. Eingeborene Schnitzer haben seither ihr Wort gehalten, deshalb beherrscht Donnervogel viele Totempfähle.

## Hört, die Steine sprechen

Bei archaeological Ausgrabungen findet man Bruchteile, die auf vergangene Kulturen der Eingeborenen hinweisen. Auskunft über Archaeology in British Columbia, oder darüber wie man bei einer Ausgrabung mitmachen kann: Minister, Tourism and Culture, Legislative Build-

ings, Victoria, BC, V8W 1X4; Archaeological Society of B.C., Box 520, Station A, Vancouver BC, V6C 2N3, The Underwater Archaeological Society of B.C., c/o Maritime Museum, 1905 Ogden Ave, Vancouver BC, V6J 1A3; Heritage Society of B.C., 411 Dunsmuir St, Vancouver, BC, V6B 1X4.

# TREFFPUNKTE DER INDIANER IN BRITISH COLUMBIA

**Wolfstänzer geben die rhythmischen Bewegungen ihrer Tier-Vorbilder.**

Jedes Jahr, zwischen Mitte Mai und September, veranstalten Eingeborenengemeinschaften in B.C. eine Serie von Festen. Manche dauern einen Tag, andere länger und die Öffentlichkeit ist dazu eingeladen.

Abhängig von der Art des Festes kann man verschiedene Aktivitäten erwarten. Kulturfeste und Powwows sind eine Kombination von Vorstellungen, Gesang, Tanz und Lachsgrillen. Sporttage drehen sich meist um "fastball" (Schnellball) Turniere. Es gibt auch Regattas, Rodeos (Cowboy-Wettbewerbe) und manchmal, wenn sich die Älteren versammeln, lange Reden. Dazu Ratespiele, bei denen man raten muß, welches Team markierte Knochen versteckt hält, während Sänger die Rater verwirren. Bei Konzerten werden meist Volkslieder gesungen.

Wichtige Versammlungen dieser Art sind Powwows in Chilliwack und Chase, das Kamloopa Powwow in Kamloops, das Squamish Nation Powwow in Vancouver, das First People's Festival in Victoria und das gänzlich indianische Sugar Cane Rodeo in Williams Lake.

Etwas ganz anderes sind die von B.C. Museen arrangierten Vorführungen, füer welche Eingeborene engagiert werden. Sie halten Vorträge, zeigen ihre Kunstfertigkeit oder präsentieren Tänze.

Zeiteinteilung ist das Geheimnis, wie man all diesen beiwohnen kann. Man muß vorausplanen, zu den Orten reisen, den exakten Platz finden und geduldig sein, während Vorbereitungen getroffen werden. Die Farbenpracht und die Aufmachung sind der Mühe wert.

## Information: B.C. Eingeborenenversammlungen

**Listen der verschiedenen** Veranstaltungen erhält man bei B.C. Tourism, 1117 Wharf St, Victoria B.C., V8W 2Z2, (604) 387-6371, oder die British Columbia Museums Association, 514 Government St., Victoria B.C., V8V 4X4, (604) 387-6117. Indianische Tänzer oder ein traditionelles Essen für eine größere Gruppe sind zu bestellen bei: Sharing the Spirit Gallery, Canpac Marketing, 303, 345 Michigan St., Victoria B.C., V8V 1R7, Tel. (604) 389-1718, or Prime Talent Inc. 15 East 7th Ave., Vancouver, V5T 1M4, Tel. (604) 879-6883.

# KUNST UND KUNSTHANDWERK: BC

Eigentlich für Wintertänze gedacht, werden Masken jetzt als eigene Kunstform angesehen. Diese Maske zeigt eine furchterregende Gestalt, die angeblich Kinder verspeiste. Ihre Lippen, zum Kuß gespitzt, sollen Opfer anlocken.

Bill Helin ist ein Tsimshian aus dem Lax Kw Alaams Stamm. Er graviert Wappen und Gestalten aus alten Geschichten in Gold und Silber und verkauft seine Arbeiten im Hy'emass House in Parksville.

**S**inn für Schönheit im Alltag war ein Grundbegriff im Leben an der pazifischen Küste. Obwohl gebrannte Keramik völlig unbekannt war, dienten Holzgegenstände demselben Zweck. Gekocht wurde in wasserdichten Bent Boxes; Serviergeschirr, wie fast alle Haushaltsgegenstände wurden aufwendig mit zeremoniellen Motiven geschnitzt. Geschöpfe, die normalerweise nur auf Totems, Masken, großen seetüchtigen Booten und Eßutensilien dargestellt wurden, entwickelten sich zu einer der Westküste eigenen Kunstform, die weithin geschätzt wird.

Mit der Tradition dieser Leute verbindet man: massive Totempoles, dekorierte Bent Boxes sowie Salish Hüte aus Zeder gewebt. Chilkat(Tlingit) Frauen webten originell gemusterte Decken. Nach dem Kontakt mit Weißen wurden "Knopfdecken" aus rotem und schwarzem Wollstoff mit hunderten von glänzenden Knöpfen aus Abalone(Seeohr)-Muscheln verziert. Gold und Silberschmuck, Siebdrucke sowie Masken und Holzschnitzereien sind heute gefragt.

Die Kunstwerke der Eingeborenen kann man in Galerien, Kunsthandwerksläden und Geschenkartikelläden der Museen finden. In Verbindung mit Versammlungen der Eingeborenen gibt es Ausstellungen, wo man direkt von den Herstellern kaufen kann.

## British Columbia: Auskunft für Besucher

**Informationen über Ver**anstaltungen der Eingeborenen, sowie allgemeine Reiseauskunft erhält man bei: Visitors Services, BC Tourism Division, 1117 Wharf St, Victoria B.C., V8W 2Z2, Tel.(604) 387-6371, Fax (604) 356-8246. Zum Nulltarif in Nordamerika bei Discover British Columbia, 1-800-663-6000. Fähren zwischen dem Festland und Vancouver Island, sowie anderen Inseln: B.C. Ferries, (604) 669-1211, oder (604) 386-3431.

# THUNDERBIRD PARK: VICTORIA

Im Park, der Thunderbird Bighouse umgibt, sind Totems, welche von Mungo Martin und seinen Lehrlingen restauriert oder dupliziert worden sind. In den 50er Jahren sah es aus, als würde die Kunst des Totemschnitzens aussterben.

Im Jahre 1964 wurde einem Kwagiulth, Mungo Martin und dessen Familie für ewige Zeit ein traditionelles Großhaus im Thunderbird Park in Victoria geschenkt. So wurde der eigenständige Beitrag dieses Künstlers zur Kultur aller Eingeborenen gewürdigt.

Um diesen Beitrag zu verstehen muß man sich erinnern, daß bald nach der Jahrhundertwende die großen Museen in Nordamerika und in Europa Tausende von ethnischen Stücken anhäuften. Hunderte von Totems gingen nach Berlin, Paris und Washington D.C. Die Totempfähle die noch hier standen, verrotteten langsam. In den 50er Jahren begann man im Museum der Universität von British Columbia zu überlegen, wie man den Verfall der indianischen Kunstwerke aufhalten, und wer die alte Art aufleben lassen könnte.

Mungo Martin aus Alert Bay war ein Meisterschnitzer, der im Geheimen ausgebildet worden war. Er wurde engagiert, die verschwindende Anzahl der B.C. Totems zu duplizieren. Fortan, bis zum Ende seines Lebens machte er Duplikate nicht nur aus seiner eigenen Kultur, sondern auch von anderen Stämmen. Als er 1965 starb, hatte er seine Kunstfertigkeit an junge Schnitzer weitergegeben, hatte die Geschichte der Pfähle neu entdeckt und einige Traditionen wieder aufleben lassen.

Die Totem Ausstellung im Thunderbird Park ist immer geöffnet. Im Großhaus gibt es Schnitzvorführungen und das ist zu den Festen der Eingeborenen immer offen. Beide befinden sich an der Ecke von Belleville und Douglas Street. Anfragen bei Visitor Services, 812 Wharf St, Victoria B.C., V8W 1T3, Tel.(604) 382-2127, zum Nulltarif 1-800-663-3883. Nach Vancouver Island gibt es etliche Überfahrtmöglichkeiten: B.C. Ferries, (604) 386-3431, und (604) 669-1211.

# MUSEEN: VICTORIA UND UMGEBUNG

**M**it indianischer Musik im Hintergrund soll man bei den Exponaten des Royal British Columbia Museums empfinden, welche Gefühle hinter den Kunstgegenständen verborgen sind.

Man beginnt bei einer Riesenvitrine außerhalb des Museums, wo Totempoles in voller Größe, willkommenheißende Figuren und ein Kahn ausgestellt sind. Innen repräsentiert eine umfangreiche Kollektion den Reichtum der Eingeborenen von der pazifischen Küste. Die Gestalt eines Tsimshian Häuptlings in einer Chilkat Robe hat einen Kopfschmuck voller Eiderdaunen. In Wirklichkeit würden diese Flaumfedern langsam um ihn schweben wenn er tanzte, damit seine Leute friedlich sind. Inmitten eines Großhausmodells flackert ein Feuer. Masken werden von exakt ausgerichteten Scheinwerfern beleuchtet, eine nach der anderen. Draußen im Garten wachsen Pflanzen, die als Medizin und als Nahrung dienten. Eine Broschüre ist an Ort erhältlich.

Im Geschenkartikelladen des Museums sind gute Erzeugnisse der Eingeborenen

**Die Federn auf dem Kopfschmuck des Häuptlings schwebten um ihn während er tanzte und verfingen sich in seinen Kleidern. Seine Chilkat Robe ist aus Bergziegenvlies gewebt und mit Farben aus Beeren und Kupfer gefärbt.**

zu finden. Das Museum hat auch ein Archiv, dessen Schriften für Recherchen gelesen werden können.

In der Umgebung gibt es weitere Museen: Sidney Museum (604) 656-1322, Handwerkskunst der Eingeborenen; Sooke Region Museum (604) 642-6351, Coast Salish Objekte. Information: Royal British Columbia Museum, 675 Belleville St, Victoria B.C., V8V 1X4, Tel. (604) 387-3014, (604) 387-3701.

## Der Geist des Lekwammen, des größten Totempfahls der Welt

**Am 17 August 1994 wurde der** 55 m hohe Totempfahl im Hafen von Victoria aufgestellt. Er ist der höchste der Welt.

Er wurde aus einer 300 Jahre alten westlichen Gelbzeder geschnitzt, die der Koordinator des Projektes, Meisterschnitzer Richard Krentz, ein Coast Salish, selbst gefällt hatte. Künstler aus allen Nationen der B.C. Küste beteiligten sich an diesem Werk und es wurde von Chief Norman George und den Älteren des Songees Verbandes gesegnet. Vom Konzept bis zur Aufstellung dauerte es 3 Jahre. Der Totem erhielt den Namen "lek wammen" was "Land des Windes" bedeutet. Das Bild zeigt ein frühes Stadium des Schnitzens.

## Der Stab der Königin

**Der Stab der Königin** für die 1994 Commonwealth Spiele ist ein außergewöhnliches Kunstwerk, welches die artistische und kulturelle Zusammenarbeit von 3 Künstlern aus 3 verschiedenen Völkern auf Vancouver Island repräsentiert: Charlkes Elliot (Coast Salish), Art Thompson (NuuChahNulth) und Richard Hunt (Kwakwaka'wakw').

Der Stab brachte die Botschaft ihrer Majestät der Königin Elisabeth II, welche während der Eröffnungsfeier gelesen wurde, und somit

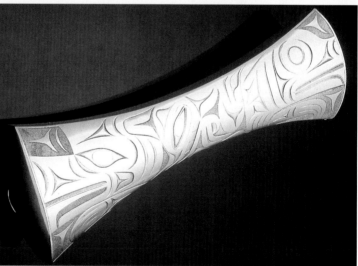

die XV Commonwealth Spiele offiziell begannen.

B.C. Hydro und das Native Participation Committee für die XV Commonwealth Spiele haben gemeinsam den Stab finanziert.

# EINGEBORENENKUNST IN VICTORIA

Obwohl ihr Name "die Lachende" bedeutet, sind Klee Wyck's Arbeiten eher düster und schwermütig.

**D**ie 1871 geborene Emily Carr verbrachte einen Teil ihres Lebens unter den Eingeborenen in entlegenen Küstendörfern. Die Nuuchahnulth gaben ihr den Namen Klee Wyck, "die Lachende". Sie verband ihr Talent mit ihrer europäischen Ausbildung und dem Einfluß der Nuuchahnulth um einen eigenen künstlerischen Stil zu entwickeln. Ihre Arbeiten werden als Sprudel geistiger Kraft beschrieben, die aus ihrem Leben unter den Eingeborenen entstand. Charakterisiert durch düstere Beleuchtung und wellenförmige Pinselstriche drücken ihre Werke intensive Gefühle aus. Die Kunstgalerie von Greater Victoria und die Emily Carr Galerie stellen einige ihrer Originale aus. Die meisten jedoch befinden sich in der Vancouver Art Gallery.

In Victoria sieht man Klee Wyck's Werke im Carr House, 207 Government St, (604) 387-4697; Emily Carr Gallery, 1107 Wharf St, (604) 384-3130; Art Gallery of Greater Victoria, 1040 Moss St, (604) 384-4104.

## Eingeborenenkunst: Victoria

**Alcheringa Fine Art Gallery,**
665 Fort Street
(604) 383-8224
**Arts of the Raven Gallery,**
1015 Douglas Street
(604) 386-3731
**Canadian Impressions,**
811 Government Street
(604) 383-2641
**Chinook Trading,** 1315 Government Street, (604) 381-3224
**Cowichan Trading Co,**

1328 Government Street
(604) 383-0321
**Eagle Moon Gallery,**
1010 Government Street,
(604) 361-4184
**Gallery Shop,** 1040 Moss Street
(604) 384-7012
**Hills Indian Crafts,**
1008 Government Street
(604) 385-3911
**Indian Craft Shoppe,**
905 Government Street

(604) 382-3643
**James Bay Trading Co,**
1102 Government Street
(604) 388-5477
**Pharos II,** 3-514 Fort Street
(604) 386-5446
**Sasquatch Trading Ltd.,**
1233 Government Street
(604) 386-9033
**Sharing the Spirit Gallery,**
826 Johnston Street
(604) 380-1436

# EINGEBORENENFEST: VICTORIA

Nach einer Einführungszeremonie auf dem Wasser zieht sich eine lange Parade zu den Parlamentsgebäuden. Manche Paddler sind Eingeborene aus Hawaii und Neuseeland.

Im August jeden Jahres begrüßen die Coast Salish, Nuuchahnulth und die Kwakwaka'wakw Besucher in Matolya, der Salish Name für Victoria. An dem 3 Tage dauernden Fest nehmen Hunderte von indianischen Paddlern, Athleten, Trommlern und Tänzern teil. Zu Beginn der Feier gibt es eine traditionelle Begrüßung zu Wasser. Ein Trommler macht darauf aufmerksam, daß fremde Kähne gesichtet wurden und während an Land getanzt wird, gleiten "Longboats" in den Inner Harbour. Kleinere Boote paddeln hinaus und kreisen die Ankömmlinge ein. Nun rudern alle zusammen, halten kurz vor dem Ufer an, stellen ihre Paddeln aufrecht, singen und begrüßen die Älteren. Früher würden die "Scouts" erst die Absicht der fremden Flotilla feststellen, und wenn die Besucher freundlich gesinnt waren, streuten sie weiße Federn über das Wasser.

Bei solchen kulturellen Festlichkeiten wie diese jährliche Versammlung der Völker gibt es auch ein Powwow der indianischen Trommler und Tänzer, welches 2 Tage dauert. Der große Auftritt ist gewöhnlich um 13.oo Uhr und bis zu 400 kostümierte Tänzer kommen im Gänsemarsch auf den Paradeplatz. Während der Tanzturniere finden auf dem Gorge Waterway Kriegsbootregatts statt. Es gibt auch einen Kunstmarkt und Lachs wird gegrillt.

## Öffentliche Veranstaltungen der Eingeborenen: Vancouver Island

| | |
|---|---|
| Nimpkish First Nations Sports, Alert Bay, | Juni |
| Victor Underwood Water Festival, East Saanich | Juni |
| Nuu-chah-nulth Indian Games, Port Alberni | Juli |
| Khowutzun Water Sports, Cowichan Bay | Juli |
| Annual Elders Gathering, Duncan | August |
| First Peoples Festival, Victoria | August |

**Adventures West Tours Ltd.,** 851 Shellbourne Blvd, Campbell River, BC, V9W 4Z7, (604) 923-6113; per Kleinbus, 7 Stunden Tour zum Kwagiulth Museum und TsaKwaLuten Lodge.

**Alberni Marine Transportation,** Box 188, Port Alberni, BC, V9Y 7M7, (604) 723-8313 "M.V. Lady Rose" oder "M.V. Frances Barcley", 11 Stunden nach Ucluelet, Bamfield und entlegene Dörfer.

**Bluewater Adventures,** 3, 252 East 1 Street, North Vancouver, BC V7L 1B3. Tel. (604) 980-3800. Fax (604) 980-1800. Segelketch mit Kabinen, 7 Tage Erforschung entlegener Gebiete der Küste.

**Canadian Outback Adventure Company,** 206-1110 Hamilton St, Vancouver, BC, V6B 2S2, Tel. (604) 688-7206, Nulltarif 1-800-565-8732; per Fahrrad, Floß, Pferd oder 20 m Ketch mit Kabinen; 18 verschiedene Urlaubsmöglichkeiten zur Wahl.

**Canadian River Expeditions,** 22, 1212 Alpha Lk. Rd., Whistler, BC, V0N 1B1, Tel. (604) 938-6651, per aufblasbares Floß oder zu Fuß; Ausrüstungen für Expeditionen; 6 bis 12 Tage.

**Great Expeditions,** 5915 West Boulevard, Vancouver, BC, V6M 3X1, Tel. (604) 257-2040,, Nulltarif 1-800-663-3364; per Kanu oder Holzkutter, Grizzlybear Foto-Safaris, Fluß oder Meer-

**Es gibt etliche Reiseveranstalter und zwei Frachtschiff-Gesellschaften, welche Touren in die B.C. Wildnis anbieten. Darunter ist West Coast Expeditions, die Gäste zu einer entlegenen Insel mit alten Totems führen.**

routen.

**Island Expeditions Co.,** 368, 916 West Broadway, Vancouver, BC, V5Z 1K7, Tel. und Fax: (604) 325-7952, Nulltarif 1-800-667-1630; per Kajak, Touren nach Wunsch.

**Nootka Sound Service Ltd.,** Box 57, Gold River, BC, V0P 1G0, Tel. (604) 283-2325; Per Frachter "M.V. Uchuck III"; 6 Stunden zu Capt. Cook's erstem Anlegeplatz und zu einem entlegenen indianischen Dorf; auch 2 Tage nach Kyuquot, einem abgelegenen Fischerdorf.

**Robson Bight Charters,** Box 99, Sayward, BC, V0P 1R0, (604) 282-3833; per 18 m Motorjacht, 7 Stunden Kreuzfahrt zu den Walen.

**Saanich Native Society,** Box 28, Brentwood Bay, BC, V0S 1A0, Tel. (604) 652-5980; zu Fuß, nach Verabredung, Lau'Weinew Tribal School, traditionelles Großhaus, 1 Stunde.

**Sea Orca Expeditions,** Box 483, 66 Fir St, Alert Bay, BC, V0N 1A0, Tel. (604) 974-5225, oder

Fax (604) 974-2266, per Kajak, begleitete Touren nach Wahl.

**Sea Coast Expeditions,** Box 1412, Victoria B.C., V8W 2X2, Tel. (604) 383-2254, per aufblasbarer Zodiak, 3 Stunden vom Victoria Inner Harbour aus.

**Stubbs Island Charters Ltd.,** Box 7, Telegraph Cove, BC, V0N 3J0, Tel. (604) 928-3185, oder (604) 928-3117, per 20 m Schiff, zu den Orca Walen, 6 Stunden Kreuzfahrt.

**Tofino Expeditions,** #202, 1504 Duranleau St. Vancouver, BC, V6H 3S4 Tel. (604) 687-4455, Fax (604) 687-8525; per Kajak, 6 Tage geführte Expeditionen nach Clayoquot Sound oder Haida Gwaii.

**West Coast Expeditions,** 1348 Ottawa Ave, West Vancouver, BC, V7T 2H5, Tel. und Fax (604) 926-1110; über Meer und Land, 6 Tage Zelten, Besuch bei den Nuuchahnulth.

**Western Wildcat Tours,** Box 1162, Nanaimo, BC, V9R 6E7, (604) 753-3234; mit Rucksack, per Kajak, verschiedene Touren auf Vancouver Island.

**Wild Heart Adventures,** Site P, C5, RR4, Nanaimo, BC, V9R 5X6, Tel. (604) 722-3683, Fax (604) 722-2175; per Meerkajak, begleitete Expeditionen.

**Yuquot Tours,** Box 459, Gold River, BC, V0P 1G0, (604) 283-7476; zu Fuß, Yuquot National Historic Site, 1 Stunde mit Eingeborenen; auch mit Lachsgrillen nach Verabredung.

# DIE TOTEMSTADT: DUNCAN

**1**985 **bestellte die** Gemeinde Duncan einige Totems bei einer Gruppe indianischer Schnitzer. Ein Dutzend alter Zedernstämme wurde von einer Holzhandelsfirma gestiftet. Das Projekt begann mit zwei Cowichan Schnitzern, Tom und Douglas LaFortune, später kam Francis Horne dazu. Unter den Meißeln dieser drei begannen die Totems Form anzunehmen. Nach einem Jahr wurde das Interesse so groß, daß ein neues Programm "Stadt der Totems" eingeführt wurde. Danach kamen jedes Jahr neue Totems dazu, so daß es heute schon über 80 geworden sind.

Im dritten Jahr begann das Duncanprojekt internationale Aufmerksamkeit zu wecken. Ein Maori Kunsthandwerker, Tupari Te Whata, kam und schnitzte zusammen mit den Einheimischen. Unter der Leitung des Meisterschnitzers Richard Hunt und der Mitarbeit von Tupari Te Whata hält das Team von 1987 einen Weltrekord. Sie machten den umfangreichsten Totem der Welt. Te Awhio Whio, König des Zedernwaldes getauft, soll sich angeblich aus dem Stamm in die Gestalt des Zedernmannes verwandelt haben. Mit seinen eindrucksvollen 2 m Durchmesser steht er in der Nähe des Rathauses von Duncan.

Bis 1990 gab es weitere 32 bemalte Totems in Parks, Anlagen und entlang der Straße. Diese Totems sind gewöhnlich

In früheren Zeiten wurden Pfähle dieser Größe als Pfosten im Hausinneren gebraucht. Jeder erzählt eine einfache Geschichte. Im Vordergrund ist Bär mit Lachs. Dahinter ein Adlerpfahl und ein ungewöhnlicher Pfahl mit einer Eule obenauf mit verdrehtem Kopf.

4,5 m hoch, so groß wie ein Rahmenpfosten in einem Großhaus.

Donnervogel und Wal sind häufige Motive, jedoch von verschiedenen Schnitzern unterschiedlich dargestellt. Der adlerähnliche Vogel hält einen Wal, Symbol einer bekannten

Kwagiulth Geschichte. Nicht jedes geflügelte Geschöpf ist Donnervogel, denn nur der mystische Donnervogel hat krause Ohren. Adler hat gar keine. Der Ruf des farbenprächtigen Donnervogels als König der Lüfte ist weit verbreitet und man findet ihn

oft als Krönung des Totempoles sogar bis Alberta und Ontario.

Nach einer anderen hiesigen Geschichte die auf Totempoles festgehalten ist, sind Wal und Wolf der gleiche Tiergeist. Es gibt angeblich bei Duncan einen Felsen zu dem Wale kommen, um sich den Rücken zu scheuern - so werden sie in Wölfe verwandelt um an Land zu jagen.

Besucher sind gern gesehen bei den Totems, auch bei Widmungszeremonien. Es gibt heute mehr als 80 Totems in der Gegend Duncans. 41 davon kann man besichtigen, indem man den auf die Straße gemalten Fußstapfen folgt. Duncan liegt auf Vancouver Island, 6l km nördlich von Victoria auf Highway 1. Eine Totemkarte erhält man bei dem Duncan Travel InfoCentre, 381 Trans Canada Highway, Duncan

BC, V9L 3R5 Tel. (604) 746-4636, Fax (604) 746-8222 Im Sommer gibt es geführte Wanderungen zu den Totems, sie beginnen bei einem alten Eisenbahnwaggon, Canada Ave, Tel (604) 748-2133.

## Ein Gedenktotem: Rick Hansen

**Der Rollstuhlathlet Rick Hansen** hat zwischen 1985 und 1987 eine unglaubliche Reise durchgeführt. Mit eigener Kraft bewältigte er 40,081 km durch 34 Länder. Seine "Mensch in Bewegung" Weltreise erbrachte Spenden von Millionen Dollar für Rückenmarkforschung. Aber fast wichtiger ist die Botschaft an Gesunde, er sagte: "Wir leben, hoffen und träumen genau wie alle anderen." Von der Zähigkeit dieses tapferen jungen Mannes inspiriert, errichtete die Eingeborenengemeinde von Duncan einen Totem seinem Erfolg zu Ehren. Er steht neben dem Eisenbahnmuseum.

# INDIANISCHES KULTURZENTRUM DUNCAN

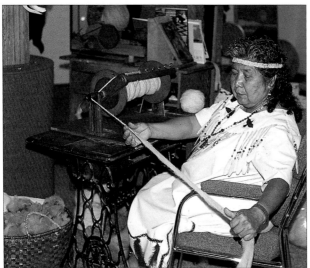

**Ruby Peter, eine Spinnerin und Strickerin im Heritage Centre erinnert sich wie ihr Vater seine ersten Dessins zeichnete, die dann die exklusiven Strickmuster ihrer Familie wurden.**

**I**n alten Zeiten meinten die Khowutzun Coast Salish dieser Gegend sie seien gesegnet, in diesem warmen, schönen Land leben zu dürfen. Nun kann man sie in einem indianischen Kulturzentrum besuchen und von ihnen selbst lernen.

Sobald man durch das Tor eintritt, beginnt die Visite im Quamichan Langhaus. Eine Laser- Filmvorführung läuft nonstop etwa 25 Minuten, und wurde unter der Anleitung von ansässigen Clan-Älteren produziert.

Es gibt 4 Großhäuser, in jedem wird ein Aspekt der Kultur der Khowutzun repräsentiert. So macht Haus 1 die Ent-wicklung der Cowichan Strickjacke anschaulich. Der echte Artikel ist für seine Wärme bekannt und wird in begrenz-ter An-zahl produziert. Haus 2 ist die größte Schnitzerwerkstatt der Welt und hier werden Totempfähle am laufenden Band geschnitzt. Meistens ist auch jemand da, der Erklärungen geben kann. In Haus 3, der Khowutzun Arts and Crafts Gallery lagern Schnitzereien, Masken, Zedernkörbe, Silberschmuck und Bücher. Manchmal demonstriert eine einheimische Weberin oder Spinnerin ihre Kunstfertigkeit. Das imposanteste ist das 464 qm grosse Haus 4, von Henry Hawthorne entworfen. Es wurde aus Rotzedern-Deckenbalken, jeder 21 m lang und je 9 Tonnen schwer, gebaut; und die Decke ist 9 m hoch. Dort befindet sich ein Restaurant, dessen Menu aus modifizierten, traditionellen Gerichten besteht.

Ein kostümierter indianischer Führer begleitet Touren in regelmäßigen Abständen. Er erklärt das tägliche Leben der Eingeborenen und beantwortet Fragen.

Einmal pro Woche wird ein 6-gängiges Essen, "Potlatch" serviert. Dumpfes Trommeldröhnen ruft die Gesellschaft zum Ufer. Es beginnt eine 4 Stunden dauernde Zeremonie. Paddler in ihrer Tracht rudern ihr Boot zum Ufer. Dort übergeben sie den wartenden Köchen einen mit Zedernzweigen umwickelten Lachs.

Während der Lachs auf offenem Feuer gegrillt wird, begrüßt die freundliche Si'em Gestalt in traditioneller Kleidung die Gäste. Den Sprecherstab in der Hand gibt er oder sie einen Überblick über das Abendprogramm und ruft 4 Zeugen auf, die später kommentieren sollen, was sie an diesem Abend erfahren haben. Der fertige Lachs wird nun mit wildem Gemüse serviert. Als Nachtisch gibt es indianisches Sorbet. Hinterher wird das Publikum ermutigt, während der Vorstellungen am Tanz des Friedens teilzunehmen.

Für dieses Essen wird eine Extragebühr verlangt. Anfragen beim Native Heritage Centre, 200 Cowichan Way, Duncan, BC, V9L 4T8 Tel. (604) 746-9119, Fax (604) 746-4143.

## Tony Charlie, ein Fremdenführer

**Tony Charlie ist einer der** freundlichen Führer des indianischen Kulturzentrums. Eine seiner Aufgaben ist es Vorträge zu halten, eine andere: Touristen zu umarmen. Oft wechselt er seine Gewänder an einem normalen Arbeitstag. Er meint lächelnd:

"Manchmal bin ich so in Eile, daß ich fürchte, halb bekleidet hinauszulaufen. Wenigstens gäbe es dann Fragen." Seine Mutter ist Kwakwaka'wakw, sein Vater Coast Salish, so hat er viele Geschichten zu erzählen. Wenn man sich mit dem Personal unterhält hat man mehr von seinem Besuch. Tony sagt: "Dazu sind wir ja da."

## Die Kunst der Eingeborenen

**Bigfoot Indian Trading Post,**
5203 Trans-Canada Highway, Duncan
(604) 748-1153

**Cherry Point Studio,**
William Kuhnley, Jr., Nitinat
(604) 746-4526

**Images of the Circle Studio,**
9722 Chemainus Road, Chemainus
(604) 246-9920

**Judy Hill Gallery and Gifts,**
22 Station Street, Duncan
(604) 746-6663

**Ken's Gifts and Crafts,**
9765 Chemainus Road, Chemainus
(604) 246-2422

**Khowutzun Gallery,**
200 Cowichan Way, Duncan
(604) 746-8119

**Modeste Wools,**
RR 6, 2615 Modeste Road, Duncan
(604) 748-8983

**Native Heritage Annual Art Show and Sale—November,**
Native Heritage Centre, 200 Cowichan Way, Duncan (604) 746-8119, Fax (604) 746-4143

**Sa-Cinn Native Enterprises,**
9756 B&D Willow Street, Chemainus
(604) 246-2412.

**Works of Art,**
RR #7, Duncan,
(604) 748-7675

# PETROGLYPH PARK: NANAIMO

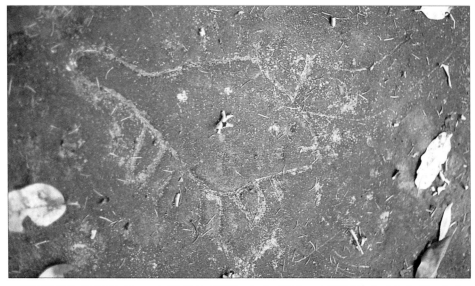

**Petroglyphen findet man an verschiedenen Stellen an der Küste von British Columbia. Leider sind manche unter Wasser. Die hier gezeigten befinden sich jetzt weiter von der Küste entfernt.**

**P**etroglyphen - in Sandstein oder Granit geritzte Zeichnungen - findet man oft in der Nähe von Gewässern. Man findet sie auf der ganzen Welt, wo immer vorgeschichtliche Menschen lebten, und jede Region zeichnet sich durch einen eigenen Stil aus. In Frankreich, Spanien, Hawaii, Alaska, British Columbia und Oregon stehen sie unter Denkmalschutz.

Wie sie gemacht werden ist bekannt. Zunächst ensteht mit einer Art Hammer ein Umriß aus kleinen Löchern, die dann miteinender verbunden werden.Sinn und Alter der Petroglyphen kann man nur raten. Bemühungen Daten festzulegen, brachten nur Zweifel, denn dafür gibt es nichts außer Theorien. Wis-

senschaftler tendieren zu religiösem Sinn, während Haida- Ältere meinen, sie sollen Regen bringen. Die Tlingit behaupten, es seien Aufzeichnungen über geopferte Sklaven. Andere Eingeborene verspotten all diese Spekulationen und glauben, dass es einfach Kritzeleien von Novizen sind, die auf eine Vision harrten, oder von gelangweilten Paddlern, welche auf Flut warteten. Wie immer sie entstanden sein mochten, die einfachen Konturen von Tieren und Wesen aus einer anderen Welt faszinieren den Betrachter.

Petroglyph Radierungen kann man im Nanaimo Centennial Museum machen. Tel. (604) 753-1021. Petroglyph Park liegt 2 km südlich von Nanaimo auf der Highway 1; Travel InfoCentre (604) 754-8474. Es befinden sich weitere

Petroglyphen am Sproat Lake bei Port Alberni; Travel Info-Centre (604) 724-6535. Kleine Reproduktionen in Stein gibt es bei Portfolio West, 1092 Hamilton St, Vancouver, BC, V6B 2R9, Tel. (604) 685-6554.

# DIE EAGLE AERIE GALLERY: TOFINO

**Auch wenn ein Sturm von dem naheliegenden Ozean weht, die Adlerhorst Gallerie ist friedlich und behaglich.**

**E**s wäre unmöglich, das Adlerhorst Großhaus in dem winzigen Dorf Tofino zu übersehen. Es ist ein einzigartiges Gebäude mit Türen aus Kupferplatten, geschnitztem Gebälk und bemalten Totempfählen. Es ist den Werken eines Tsimshian, Roy H. Vickers gewidmet, einem Künstler, der wegen seiner stilisierten Adaption traditioneller Muster und seiner leuchtenden Farben bekannt ist. Seine Kindheit verbrachte er in seinem Geburtsort, dann studierte er in der Northwest Native Arts School in 'Ksan in der Nähe von Prince Rupert, wo er jetzt zusammen mit seinem Bruder Matt eine eigene Kunstgalerie hat.

Vickers' Werke sind kennzeichnend für British Co-lumbia. In 1987 präsentierte die Provinzregierung Ihrer Majestät, Königin Elisabeth II, ein Vickers Gemälde "Eine Häuptlingsversammlung". In l993 beim Gipfeltreffen in Vancouver erhielt Präsident Bill Clinton einen Vickers Siebdruck "Die Heimkehr".

Vickers zieht es vor in Tofino zu leben, wo ihn die weißen Strände, die Brandung und der alljährliche Wanderzug der Grauwale inspirieren. Besucher sind in seiner, wie auch in anderen Galerien in der Nähe, gern gesehen.

# DER URLAUBSKOMPLEX TSA-KWA-LUTEN: QUADRA ISLAND

**D**ieser Komplex gehört Eingeborenen. Er liegt auf einem 445 ha großen Stück Wald, überschaut die Discovery Passage und hat Platz für 80 Gäste in 26 Wohnungen mit Meerblick. 4 Häuschen direkt am Strand gelegen, haben eigene Verandas und Kamine. Es gibt auch eine Sauna, einen kleinen Fitness Raum und ein Warmbad im Freien.

Auf dem Menu stehen typische Gerichte der Eingeborenen. Auf einem Kliff, den Ozean überblickend, wird Lachs auf offenem Feuer gegrillt. Die Küche bereitet Schalentiere zu, die in dem großen Restaurant serviert werden. Jeden Freitag können die Gäste an einem Kwakwaka'wakw' Fest teilnehmen. Da gibt es Venusmuschel-Krapfen, gebackene Miesmuscheln, "Salmonberries", Speise-Rotalgen und gedämpfte Riesengarnelen. Nach diesem außergewöhnlichen Mahl führt eine Kwakwaka'wakw' Truppe, die Mondtänzer, einen Zeremonialtanz vor.

Unweit befindet sich das Kwagiulth Museum und Petroglyphen. Gäste können am Strand spazieren, Muscheln suchen, den Leuchtturm von Cape Mudge besuchen oder die gefährlichen Klippen anschauen, um welche die Brandung wütet, und wo schon viele Schiffe Havarie erlitten haben. Es gibt Adler und Seeadler, und während der Saison schwimmen Killerwale

Die Haupthalle der Lodge erinnert an ein traditionelles Großhaus und dient abwechselnd als Mehrzweck-Versammlungsraum und Restaurant
**KLEINES BILD:** Vorführungen der Mondtänzer werden Gästen jeden Freitag Abend geboten.

direkt am Gasthof vorbei.

Nach 10 Jahren sorgfältiger Überlegung wurde TsaKwaLuten auf Kwakwaka'wakw' Land gebaut. Man sieht dies als einen Fortschritt der Eingeborenen, im B.C. Tourismus selbständig zu werden.

TsaKwaLuten Lodge, Box 460, Quathiaski Cove, Quadra Island, BC, V0P 1N0, Tel. (604) 285-2042, Nulltraif: 1-800-665-7745, Fax (604) 285-2532. Für Angler werden Arrangements angeboten. Es gibt eine Fähre ab Campbell River (10 Minuten). Auskunft: B.C.Ferries (604) 286-1412.

# KWAGIULTH MUSEUM UND KULTURZENTRUM: QUADRA ISLAND

Die permanenten Ausstellungen des indianischen Kunsthandwerks werden durch Programme für Besucher und für Schulen belebt. Auf diesem Foto probieren Kinder traditionelle Roben an. KLEINES BILD: Zunächst waren solche Decken-Roben mit Abalone (Seeohr)- Muscheln verziert. Heute werden Perlmutt oder Plastikknöpfe verwendet. Das Knopfmuster ist das Wappen des Modells.

**D**ies ist ein Großhaus, innen spiralenförmig gebaut, das von der indianischen Nuyumbalees Society geleitet wird. Ausgestellt sind Kopfschmuck, Masken, Kostüme and anderes Tanz-Zubehör, das meiste von Kwakwaka'wakw' Künstlern hergestellt. Wintertänze sollten nicht mit Potlatchfesten verwechselt werden. Sie dauerten monatelang und wurden von geheimen Vereinen choreographiert. Die Aufführungen waren spektakulär. Marionetten flogen mit Hilfe von Seilen, geschnitzte Figuren rollten auf Holzrädern und kostümierte Tänzer verschwanden durch Falltüren.

Vor diesen Aufführungen fasteten manche junge Tänzer allein im Wald, um sich für das "Kannibalenvogel-Drama" vorzubereiten. Zerzaust und hungrig erschienen sie plötzlich im verdunkelten Großhaus, maskiert und von Kopf bis Fuß verkleidet. Beschützer kamen aus dem Publikum und stellten sich sofort neben jeden, eine Rassel in der Hand. "Hap, hap, eat, eat" schrien die besessenen Tänzer, ihre langschnäbeligen Holzmasken bedrohlich auf das Publikum gerichtet. Um sie zu beruhigen begoßen die Beschützer sie mit Öl, würgten sie mit Rauch oder gaben ihnen zu essen. Manchmal jedoch überwältigten die Geister die jungen Tänzer. Derart besessen kam es vor, daß sie das Publikum angriffen, und es geschah, daß ab und zu je-

mand gebissen wurde. Geschnitzte hölzerne Totenköpfe an den Gürteln mancher Kostüme hängend, drohten ein potentiell schlimmes Ende an. Wenn Frauen oder Kinder während dieser langen Vorführungen ohnmächtig wurden, konnten sie bestraft werden.

Das Fotografieren mancher dieser Tänze ist bis heute verboten. Besucher können sich an verschiedenen Programmen betätigen, wie Petroglyphenradierungen, Kwagiulth Museum, Box 8, Cape Mudge Village, Quadra Island, BC, V0P 1N0, Tel. (604) 285-3733. Zufahrt 10 Minuten mit der Fähre von Campbell River. B.C. Ferries, Tel. (604) 286-1412.

# CAMPBELL RIVER MUSEUM

**F**rüher wurde alles, vom Holzköcher zum Beerenkorb reich verziert. Die Aristokratie hatte Privilegien, die genau festgelegt waren. Es war aber möglich für einen Gemeinen auch Privilegien zu erringen, wenn seine Kunstfertigkeit von einem Häuptling oder einem Älteren bewundert wurde.

Dieses Museum stellt Eingeborenenkunst von Vancouver Island aus. Zu sehen sind: eine umfangreiche Sammlung von Korbwaren sowie individuelle Kunstwerke. Eine Serie von Schnitzereien illustriert, wie sich die Eingeborenen die Unterwasserwelt vorstellten. Masken des berühmten Kwakwaka'wakw' Schnitzers Willie Seaweed (auch als Willie Siwid bekannt) sind ein Teil der wichtigsten Exponate.

Das Museum liegt in einem 3 ha großen Park, die Discovery Passage überschauend. Es fördert Serien von Programmen, an denen Besucher sich beteiligen können, sowie Führungen. Eines der Themen behandelt die Anwendung von Pflanzen in der Medizin der Eingeborenen.

Auskunft Campbell River Museum, 470 Island Highway, Campbell River, BC, V9W 1Z9, Tel. (604) 287-3103, Fax (604) 286-0109.

Diese Nuuchahnulth Maske wurde um 1970 der allgemeinen Kollektion zugefügt, aber über ihre Geschichte ist kaum etwas bekannt. Das war bevor die jetzigen Museumskuratoren begannen, genaue Notizen zu machen.

## Eine Fotosafari: Totempfähle in Campbell River

Adlerpfahl, Donnervogel – Discovery Inn
Dzunukwa Pfahl – Tyee Plaza Mall
Donnervogel Pfahl – Grizzly Pfahl Museum
Geschnitzte Pfosten, Heritage Pavillon – Foreshore Park
Roberts Suncrest Pole – Thunderbird Hall
Zwei Gedächtnispfähle – WeWaiKum Clanfriedhof

# TOUREN ZU DEN LEUTEN DER WESTKÜSTE

**Geschichtenerzählen, Kunst und feines Essen sind die Höhepunkte der Westküsten-Touren.**

**S**eit 1974 offeriert West Coast Expeditions 6 tägige Wildnis- und Bildungstouren an der Nordküste von Vancouver Island mit Abfahrten von Campbell River oder von Fair Harbour. Es ist eine einmalige Gelegenheit für solche, die eine Beziehung zu Land, Meer und den Menschen suchen. Bis zu 15 Personen haben Platz im gut eingerichteten Basiscamp auf einer entlegenen Insel im Kyoquot Sound. Kyuquot und Checleset Eingeborene leben in der Nähe auf Upwowis, in einem Dorf innerhalb des Nuuchahnulth Volkes.

Grossteile dieser wilden Küste sind seit der Zeit, als die ersten Eingeborenen hier wohnten, unverändert. Uralte Totems und Großhäuser werden jetzt von der Wildnis überwuchert. Sie könnten Geschichten erzählen, die viele Generationen alt sind. Die hiesigen Leute feiern ihre Kultur und die Natur weiterhin mit traditionellen Gesängen, Geschichten und ihrer Kunst.

Den Gästen der West Coast Expeditions gefallen diese zwanglosen Abende, die Gespräche und das Essen bei den Jules, einer indianischen Familie. Einheimische Delikatessen, wie frischer Heilbutt, Lachs und Dungeness-Krabben werden von den Einheimischen für das Gourmetessen im Camp geliefert. Indianerältere helfen das Programm auszufüllen, indem sie Geschichten erzählen oder ihre Handfertigkeit demonstrieren. Jeden Tag fahren die Gäste im Motorboot zu interessanten Punkten um die Insel. Wassertiere wie Seelöwen, Seeotter, Grauwale, Minkwale und Orkas, sowie verschiedene Arten von Wasservögeln fühlen sich hier wohl.

Neben Reiseleitung werden auch Zelte, Matratzen und Mahlzeiten angeboten. Regenausrüstung ist zu haben, doch sollte man eigene wetterfeste Kleidung mitbringen. Auskunft bekommt man bei West Coast Expeditions, 1348 Ottawa Ave, West Vancouver, BC, V7T 2H5. Fax und Tel. (604) 926-1110, Tel. zum Nulltarif 1-800-665-3040.

# U'MISTA KULTURZENTRUM UND HOHER TOTEMPFAHL: ALERT BAY

**Das Dorf Alert Bay ist bekannt, weil es trotz der Einmischung der Behörden an seiner Potlatchtradition festhielt. Es ist auch der Geburtsort des verehrten Schnitzers Mungo Martin.**

**D**ie Schätze des alten Potlatch werden jetzt von der in Alert Bay lebenden Kwakwaka'wakw' Gemeinde bewacht. Innerhalb des Kulturzentrums befindet sich U'mista, ein nachgebildets traditionelles Großhaus. Die ausgestellten Potlatchregalien repräsentieren das Überleben einer Tradition, die fast verloren war. Die jüngste Vergangenheit des Potlatch ist von Tragödie umgeben. 1884, im Zuge einer neuen Anordnung die Zeremonie zu verbieten, beschlagnahmten die Behörden alles, was mit Potlatch im Entferntesten zu tun hatte. Wichtige Masken, Rasseln und Kupferplatten wurden fortge-

tragen. Es dauerte 65 Jahre, bis sie endlich vernünftig wurden und alles zurückgaben. Die Kwakwaka'wakw haben das Potlatch nie aufgegeben, sie führten es heimlich weiter. 1951 wurde es wieder legalisiert.

Früher waren Überfälle, von weder durch Blut noch Sprache verwandten Sippen, Teil des täglichen Lebens. Nach Sklaven und Gütern suchend, attackierten sie gewöhnlich im Morgengrauen. Nachdem die menschliche Beute sortiert war, konnte man die Herausgabe von reichen Gefangenen erpressen. Die Gemeinen erwartete eine unerfreuliche Zukunft. Es kam vor, daß ein Gefangener bei Vergel-

tungsangriffen zurückerobert wurde und dann hatte er seine "umista" wieder. Eine große Feier wurde arrangiert. Umista ist ein Zustand und bedeutet ungefähr "er oder sie ist von Neuem".

Alert Bay hat einen der höchsten Totempfähle der Welt, übertroffen von dem in Victoria. Dieser Totem bedeutet ein Symbol für jene Leute die standhaft blieben in der Zeit, als die Zeremonie verboten war.

Für Gruppen von 50 oder mehr Personen können im Zentrum Tanzvorführungen bestellt werden. Besucher schauen sich zwei informative Videos an - man sollte ca. 2 Stunden einräumen. Auskunft im U'mista Cultural Centre, Box 253, Front Street, Alert

Das U'mista Kulturzentrum befindet sich am Ufer des Pazifischen Ozeans.

Bay, BC, V0N 1A0, Tel. (604) 974-5403, Fax (604) 974-5499. In der Alert Bay Bibliothek befinden sich einige Kwagiulth Kunstgegenstände und historische Fotos. Auskunft: Alert Bay Library and Museum, 199 First St, (604) 974-5721. Nach Alert Bay gelangt man mit einer Fähre von Port McNeill in 35 Minuten. BC Ferries: (604) 956-4533.

## Die Potlatchtradition

**Oft von Außenstehenden** mißverstanden, war der größtenteils weltliche Potlatch eine fundamentale Methode der Umverteilung von Besitz innerhalb der Gesellschaftsklassen. Bei Hochzeiten z.B. gab man Geschenke, jedoch verblaßten diese im Vergleich mit der Größenordnung eines Potlatch. Zwei bis drei mal im Leben verschenkte ein Häuptling alles was er besaß, außer seinem Haus und seinen Privilegien - sein Ruf hing davon ab. Das Wohlwollen das seiner Familie gebührte, forderte Revanche von anderen Häuptlingen und Älteren. So zirkulierte Reichtum.

Es galt auch rechtliche Angelegenheiten während des Potlatch zu erledigen. Wer Dienste geleistet hatte, wem Unrecht geschehen war, wurde öffentlich entschädigt. Neue Namen wurden gegeben, Vermählungen fanden statt, und Erbschaften wurden verteilt. Bestimmte Personen waren Zeugen und mußten sich alle offiziellen Handlungen merken. Für alle Gäste gab es Unterhaltung, sie wurden bewirtet und beschenkt.

Eines der wichtigsten Geschenke war Kupfer. Man brach Stücke aus einer schildähnlichen Platte und gab sie Gästen die von Bedeutung waren.

Nach dem Kontakt mit Weißen entartete der Potlatch. Bei einer einzelnen Zeremonie wurden 200 Nähmaschinen, 2000 Decken, 50 Öfen und 1000 Kochgegenstände verschenkt. Missionare, die den Frauen das Nähen beibringen wollten, waren verärgert als sie fanden, daß die schwer zu bekommenden Nähmaschinen verschenkt wurden. Die Eingeborenen sahen das ganz anders: wer die Maschine bekommt wird sicherlich auch Nähen lernen und somit die ganze Gesellschaft reicher machen.

# COPPER MAKER STUDIO UND GALERIE:

**Mitglieder der vierten, fünften und sechsten Generation der Hunt Familie posieren am Fluss. Jede Generation hat ansehnliche Beiträge geleistet zur Erhaltung der Kwakwaka'wakw Kultur.**

Im Jahre 1850 liess sich Robert Hunt, ein Angestellter der Hudson's Bay Company aus Dorsetshire, England in einem kleinen Eingeborenendorf im Norden von Vancouver Island nieder.

In der Folge heiratete er Mary Ebbets, die angesehene Tochter des Tlingit-Häuptlings Chief Shaiks von Alaska. Zusammen gründeten sie einen stolzen Familienstamm. Um die Jahrhundertwende diente ihr ältester Sohn Robert den Anthropologen Franz Boas, Edward Curtis und Samuel Barrett für viele Jahre als Dolmetscher und Mitarbeiter. Frau Margaret Frank, Roberts Urgrosskind,

besser bekannt als "Tante Maggie," ist heute 100 Jahre alt. Sie spielte einst die wunderschöne Prinzessin-Braut im 1914 gedrehten Film: "In the Land of the War Canoes." Dieses völker-kundliche Drama wird heute regelmässig in vielen Museen gezeigt.

Vor einigen Jahren spaltete "Tante Maggie" ihren traditionellen Namen Oomagalis. Sie schenkte die Hälfte davon Gloria Roze (eine andere Hunt-Nachfahrin), um sie für das Weitergeben von herkömmlichen Tänzen an Kinder und für ihre ausgezeichneten Festgewänder-Kreationen zu ehren. Frau Roze's junge Tanztruppe ist nach wie vor aktiv und besteht aus Mitgliedern der fünften,

sechsten und siebten Hunt-Generation.

Heute betreiben Calvin Hunt, der jüngste Erbe des verstorbenen Chief Thomas Hunt, und seine Frau Marie "The Copper Maker", ein Kupferschmied - Studio mit Galerie. Calvin hat sich mit den angesehenen Künstlern Henry und Tony Hunt zusammen getan. Regelmässig arbeiten auch drei weitere Mitglieder der Hunt Familie im Studio: Tom Hunt, Steven Hunt und Mervyn Child.

Hunt Familienarbeiten, inklusive Knopf-Gewänder von Gloria Roze, sind erhältlich bei: The Copper Maker, 112 Copper Way, Fort Rupert Village, (604) 946-8491; 15 Minuten südlich

von Port Hardy.

Die junge Kwakiutl Tanztruppe tritt jeden August während der Vancouver Pacific National Exhibition auf, (604) 542-3707. Information ist erhältlich bei "The Copper Maker", Box 775, Port Hardy, B.C. V0N 2P0, (604) 946-8491.

## Eingeborenenkunst: Zentral und Nord-Vancouver Island

**Copper Maker Studio,** Hunt Family, Port Hardy (Fort Rupert)
(604) 949-8491
**Hill's Indian Crafts,** 20 Commercial Street, Nanaimo
(604) 248-2423
**Hill's Indian Crafts,** 1140 Shoppers Row, Campbell River
(604) 287-9946
**Island Images,** 1015 Tyee Plaza, Campbell River
(604) 287-8911

Robert Hunt

## Namen und Namensgebung

**Für die Eingeborenen ist es** eine wichtige Handlung Menschen, Tieren und Dingen Namen zu verleihen. Früher kam es vor, dass ein Kind ohne einen "richtigen" Namen groß wurde. Bei den Präriestämmen bekam ein Junge zunächst einen komischen Namen, bis er einen würdigen verdient hat. In indianischen Geschichten gibt es Phrasen wie "und es wurde Reh genannt". Ein Tier hatte mehr Macht wenn es seinen Namen erhielt. Es kommt heute noch vor, daß ein Weißer, der zu einer Eingeborenengemeinschaft etwas beisteuert mit einem neuen Namen geehrt wird.

Es kommt vor, daß die Eingeborenen während ihrer Lebenszeit mehr als einen Namen bekommen. Bei manchen Gruppen ist es üblich, einen Namen von jeder Familie aller Großeltern zu erhalten, also vier. Namensgebungen finden ohne bestimmten Zeitplan statt. Manchmal ohne speziellen Grund, manchmal bei einer Gedenkfeier. Die Namen von Verstorbenen auszuprechen gilt als unhöflich, jedoch können sie weitergegeben werden. Eingeborenen wird nicht immer gesagt was ihr Name bedeuetet und nicht alle stellen sich Fremden mit ihrem Namen vor.

# TOTEMPFÄHLE: STANLEY PARK, VANCOUVER

Die Totempfähle in Stanley Park sind gut erhalten. Die meisten sind Duplikate von Pfählen aus der Kwakwaka'wakw' Tradition. Der Unbemalte ist ein Nisga'a Original.

**S**tanley Park ist ein 400 ha großes bewaldetes Stück Land im Herzen von Vancouver, teilweise im Originalzustand erhalten. Die 10 Totempfähle am Brockton Point repräsentieren den Totemstil verschiedener BC Stämme und Sprachgruppen. Die Pfähle erinnern an Geschichten der Eingeborenen. Der unbemalte Nisga'a Pfahl mit Bibergestalten erzählt von 5 Brüdern. Als sie einmal einen Biberbau beobachteten waren sie verblüfft, als die Tiere ihr Fell abstreiften und zu Menschen

wurden. Daraufhin flehten sie ihren Häuptling an, die Jagd auf Biber einzustellen. An der Spitze ist ein Adlermensch den Raben haltend, und darunter eine Gestalt welche Frosch und Adler hält; so werden die Söhne des Schnitzers, Norman Tait dargestellt. Der Donnervogelpfahl ist das Werk von Tony Hunt, einem Kwakwaka'wakw' doch dies ist ein Duplikat.

Der meist fotografierte Pfahl ist Alte-Frau-des-Waldes mit gespitztem Mund. Touristen, welche sich in ihrer freundlichen Umarmung fotografieren lassen, wissen meist nicht, dass sie eine

bekannte Kindesentführerin war.

Der Haida "BoxTotem" ist ein Begräbnispfahl. In früheren Zeiten stand dieses Mondgesicht vor dem Sarg eines Häuptlings. Die Gestalt mit gespaltenen Hufen ist Bergziege; Grizzlybär hält eine Robbe, es ist nicht ein Lachs.

Der Pfahl mit dem großen Schnabel stellt den Raben dar, einen Schalk, dessen Schnabel aus einem umgekippten Boot gemacht ist. Er wurde 1890 als Denkmal für die Wa'kas Familie geschnitzt und stand vor einem Großhaus in Alert Bay; er ist auch das Motiv eines Gemäldes von Klee Wyck

(Emily Carr). Das Duplikat, hier mit dem Kannibalenvogel und dem "menschlichen Weisen," ist das Werk Doug Cramers, eines Kwakwaka'wakw'.

Deadman's Island heißt so seit ca. 1860. In alten Zeiten wurden die Bestattungskästen der Eingeborenen hoch in den Bäumen befestigt. In den 1880er Jahren stand hier das Dorf Whoi Whoi, aber als sich eine Pockenepidemie ausbreitete, brannten die verängstigten Behörden das Dorf ab. 1889 waren die Straßen des Parks mit etlichen Tonnen zerbröckelter Muscheln gepflastert. Diese waren einer 2 m tiefen, 1 km langen Muschelgrube entnommen. Um 1890 hieß es, die kleine Insel soll abgeholzt werden. Die Squamish, welche direkt gegenüber wohnten, protestierten so lange, bis sich die Vancouver Lumber Co. zurückzog. Um 1900 weideten gezähmte Büffel im Park und eine Tafel gab den Hinweis "Zu den Büffeln rechts, zu den großen Bäumen links".

Der Siwash Felsen kann von Second Beach zu Fuß erreicht werden. Die Squamish nennen ihn T'elch nach einem Aristokraten, der für seine Wohltätigkeit bekannt war. Seine Geschichte handelt um jene Zeit, als man auf die Erlöser wartete. Eines Tages wurde T'elch beschuldigt, nur deshalb Gutes zu tun damit, wenn die Erlöser kommen, seine Belohnung größer sein würde, als die der anderen. T'elch war beleidigt und wollte sich läutern. Eines Tages, als er in sehr kaltem Wasser schwamm, sah er 4 Männer in einem Kahn. Sie fragten ihn

**Rabe war ein Schalk. Sein Schnabel ist hier aus einem umgekippten Boot gemacht. Auf dem Original öffnete sich der Schnabel und enthüllte einen kleinen zeremoniellen Eingang in das Haus.**

was er täte und er erzählte seine Geschichte. Daraufhin segneten sie ihn, denn sie waren selbst die Erlöser. T'elch wurde später in einen Monolithen verwandelt als Inspiration für seine Leute.

Stanley Park ist via Georgia Street zu erreichen. Anfragen: Vancouver Travel InfoCentre, Plaza Level, 200 Burrad St, Vancouver, BC, V6G 3L6, Tel.(604) 583-2000, Fax (604) 682-6839.

## Tekahiowake, Autorin und Dichterin

**Diese Mohawk Literatin, auch als Pauline Johnson** bekannt, starb 1913, als sie auf dem Gipfel ihres Ruhmes war. Tausende säumten die Straßen bei ihrem Begräbnis und ihr Denkmal steht am Second Beach im Stanley Park. Die bekanntesten ihrer Werke sind "Feuerstein und Feder" und "Vancouver Legenden". Die Lagune im Park war zunächst mit dem Meer verbunden, leerte sich aber bei Ebbe und Tekahiowake konnte dann nicht rudern. So gab sie ihr den Namen "Lost Lagoon", die verlorene Lagune.

# Lynn Canyon Park und
# Wildnispfade: North Vancouver

**Der jährliche Niederschlag auf den North Shore Bergen beträgt ca. 180 cm. Dem sogenannten "Regenschatten" ist eine Fülle von Unterholz und großer Bäume zu verdanken.**
**KLEINS BILD: Die Lynn Canyon Hängebrücke führt Sie in einen Wald, der einst von den Coast Salish verehrt wurde.**

**W**ie keine andere Großstadt liegt Vancouver am Rande einer Bergwildnis. Man kann die Stadt schnell verlassen und die Wildnis durchforschen, sie ist fast in demselben Zustand wie vor dem Kontakt. Lynn Canyon ist leicht zu erreichen. Es war früher ein spiritueller Ort für die Coast Salish und ihre Geister sind vielleicht noch hier. Dominiert von Zeder, Schierlingstanne und Douglaskiefer nimmt dieser Wald alle Sinne in Anspruch. Obwohl er 1912 teilweise abgeholzt wurde, waren die Brüder McTavish so von der Schönheit der Bäume

beeindruckt, daß sie es fortan unterließen und das Land als Park stifteten. Später wurde eine Fußbrücke gebaut, die 50 m über dem Canyon hängt und zu einem 10 m langen Teich führt. Obwohl der Boden etwas uneben ist, ist es doch ein leichter 15 Minuten Spaziergang. Festes Schuhwerk ist zu empfehlen.

Am Parkeingang steht ein achteckiges Gebäude, das Lynn Canyon Ecology Centre. Um Interesse an der Umwelt zu wecken, können dort auf Wunsch ausgewählte Naturfilme gezeigt werden. Das Personal hat Wanderkarten und erläutert sie gerne. Im Juli und August beginnen hier täglich

Wanderungen. Empfehlenswerte Spaziergänge, 1 bis 2 Stunden: Yew Lake Trail auf Cypress Mountain, Indian River Trail am Fuße von Mount Seymour und der Leuchtturmpark Pfad in West Vancouver.

4 bis 6 stündige Wanderungen: Lynn Headwaters Park, Seymour Demonstration Forest, die Seymour River Trails und die Cypress Mountain Trails. Diese Wege sind leicht bis mittelschwierig. Das Wetter in den Bergen kann sich rasch ändern und Wanderer sollten Schutzkleidung, Zündhölzer, Wasser und etwas Proviant mitnehmen. Wanderkarten sind obligatorisch.

Vor Bären und Berglöwen wird gewarnt und es können zusätzliche Einschränkungen in Kraft treten.

Auskunft: Lynn Canyon Park Ecology Centre, 3663 Park Rd., North Vancouver, BC, (604) 987-5922. Eine Broschüre über die Wanderpfade des North Shore: North Vancouver Travel Infocentre, 131 East 2nd St, North Vancouver, BC, V7L 1C2, Tel. (604) 987-4488. Wanderinformation bei der Federation of Mountain Clubs of British Columbia, 1367 West Broadway, Vancouver, BC, Tel. (604) 737-3053.

## Stanley Park

**Als die weissen Forscher zum** ersten Mal in die Gegend des heutigen Vancouver vordrangen, standen dort mehrere Salish Dörfer am Meeresufer.

Die Salish Leute lebten in imposanten Zedernhäusern, welche sich den Stränden entlangzogen, wo immer reichlich Nahrungsmittel und frisches Wasser vorhanden waren. Sie zogen je nach Jahreszeit an verschiedene Orte und unterhielten Sommer–und Winterdörfer.

Die Halbinsel im Zentrum dieses Gemäldes wurde 1889 als Parkland geschützt–damals eine weise und ungewöhnliche Handlung. Heute ist Stanley Park eine grüne Oase inmitten der geschäftigen Großstadt Vancouver.

**Damals eine entlegene Wildnis, heute eine blühende Großstadt.**

## Eine Fotosafari: Totempfähle in Vancouver

| | |
|---|---|
| Zwei Gedenkpfähle | Van Dusen Gardens |
| Bildungsverspottender Pfahl | VCC Downtown College |
| Drei Expo '86 Pfähle | Plaza, 750 Pacific Blvd |
| Große Sammlung von Totempoles | Museum of Anthropology, UBC |
| Hoher Pfahl | Maritim Museum, Ogden St., Kits |
| Tait Pole an einem Großhaus | NEC, 285 E. 5th Ave |
| Dzunukwa Pfahl | CBC, 700 Hamilton St |
| Pfahlsammlung im Freien | Stanley Park |
| Jagdpfahl und geschnitzte Türtäfelungen | Horseshoe Bay, West Vancouver |
| Donnervogelpfahl | Lynn Canyon Park |
| Drei Tait Pfähle | Capilano Mall, North Vancouver |

Auskunft: Vancouver Travel InfoCentre, (604) 683-2000

# CAPILANO LACHSZUCHTANLAGE UND PARK: NORTH VANCOUVER

Viele zweckdienlichen BC Zuchtanlagen befinden sich in entlegenen Gebieten. Die von Architekten entworfene Capilano Hatchery liegt im Herzen der Stadt. Die Fischleitern haben oben Glaseinsätze, damit man die sich flussaufwärts kämpfenden Fische beobachten kann.

**D**iese Lachszuchtanlage ist nach dem Häuptling Khatsahlano vom Burrard Verband, der in dieser Gegend zu Anfang des XX Jahrhunderts wohnte, benannt.

Ein Hauptbestandteil der Nahrung für die Eingeborenen war der Lachs, in scheinbar unerschöpflichen Mengen vorhanden. Leider änderte sich das nach dem Kontakt mit den Weißen. In weniger als 100 Jahren des Abholzens, des Bergbaus, des Wohnungsbaus und der wachsenden Bevölkerungszahl wurde das Vorkommen der Lachse ver-

nichtet. 1900 betrug der jährliche Fang 134 Millionen kg, um 1930 war es nur noch die Hälfte. Erst 1977 wurden Anstrengungen, die Lachsausbeute zu vergroessern, ernsthaft in Angriff genommen.

Die Regierungen des Staates und der Provinz begannen das "Salmonid Enhancement Program" (SEP). Es gibt jetzt Einrichtungen, die den Fischen den Wanderzug erleichtern. Fischrutschen helfen ihnen, an Stromschnellen vorbeizukommen. Brutkästen im Flußbett verankert, sichern die ständige Frischwasserzufuhr für die Brut. Laichkanäle werden

neben Flüßen gebaut, um sauerstoffreiches Wasser für die Sockeye zuzuführen. Zuchtteiche umfassen große Flächen, wo die Fischbrut so lange gefüttert wird, bis sie eigenständig in der Natur überleben kann. Es gibt Vorschriften, die den Bergbau, das Abholzen und den Häuserbau in Flußnähe regulieren.

Zuchtanstalten sind die allgemein anerkannte Art, die Produktion zu steigern. Dort werden die Eier und das Sperma der rückkehrenden Fische eingesammelt. Die kleinen Fische wachsen jetzt hier auf und nach 1-2 Jahren werden sie mit einer Identifikationsmarke versehen, damit man, wenn sie das Meer erreichen, ihrer Route folgen kann. Diese sorgfältige Routine vergrößert ihre Überlebenschance etwa zehnfach, verglichen mit Wildlachsen. Viele Brutplätze in entlegenen Orten werden von Eingeborenen betreut, ein Zusatz zu ihrer traditionellen Lebensweise.

Die Capilano Hatchery wird gerne besucht. Sie ist das ganze Jahr geöffnet und man kann die Anlage gebührenfrei besichtigen. Die Zuchtbecken, welche von Jungfischen wimmeln, werden durch Drahtnetze vor Vögeln geschützt. Die erwachsenen Coho, Chinook und Lachsforellen kommen zwischen Ende August und Oktober an. Die Anlage wurde für die Erhaltung der Lachse gebaut, die durch den Cleveland Damm verhindert wurde. Anderseits aber versorgt dieser Damm Vancouver mit Trinkwasser. Eine kleine Brücke führt über den Fluß, und nach einem ca. 15 minütigen Spaziergang erreicht man einen Aussichtspunkt im Capilano River Regional Park.

Zu der Zuchtanlage kommt man via Capilano Road, North Vancouver. Sie liegt westlich der Straße; bitte Hinweisschild beachten. Auskunft: Capilano Hatchery, (604) 666-1790; Karten für den Capilano Regional Park erhält man: (604) 432-6350. Broschüre "Where and When to See Salmon" bei Fisheries and Oceans Publications, 400 West Hastings St, Vancouver BC, V6B 5G3, (604) 666-0384.

**An der pazifischen Küste ist** man sich des Kreislaufes von Leben und Tod deutlich bewußt. Der Ansturm der Lachse ist, mit der Pflanzenwelt verglichen, ungefähr wie ein umgefallener Zedernstamm. Beide veranschaulichen den natürlichen Zyklus des Lebens, das aus dem Tod hervorgeht.

Die Eingeborenenphilosophie findet einen leichten Übergang nicht nur zwischen lebendigen und leblosen Formen, sondern zwischen allem was lebt: Mensch, Tier und Pflanze. Rabe wird Mensch, Holunderbeere und Stein wetten miteinander wer zuerst gebären wird; Felsen im Meer werden "erwachsen," um bewohnte Inseln zu werden; eine trauernde Mutter besucht den Leichnam ihres Sohnes und findet einen lebhaften jungen Mann.

Diese Einstellung bedeutet Ehrfurcht für alles und nur eine dünne Linie trennt Leben und Tod.

# INDIANISCHE KÜCHE: VANCOUVER

OBEN: Traditionelle indianische Gerichte wie die »Potlatch« Platte (hier abgebildet), die aus schmackhaften Zutaten vom Land und aus dem Meer bestehen, werden heutzutage dem modernen Geschmack angepaßt.
KLEINES BILD: Bonnie Thorne, die in Nuuchahnulth "Yesta" heißt, ist Inhaberin des Quilicum Restaurant.

**D**ie Eingeborenen der Pazifikküste erfreuen sich einer Fülle verschiedener Nahrung vom Land und aus dem Meer. Seit uralten Zeiten waren Meer- und Süsswasserfische, Bergziegen, Rehe, Biber, Enten, Gänse und Waldhühner auf der Speisekarte. An der Küste gibt es Venusmuscheln, Austern, Krabben, Seeigel und Polypen. Seelöwen und Seeotter wurden früher gejagt und manchmal strandete ein Wal. Der Oolichan, ein Stintfisch, lieferte ein schmackhaftes Fett zum Tunken. Dieses Fett war auch eine profitbringende Handelsware.

Es gab verschiedene Methoden der traditionellen Zubereitung und Aufbewahrung von Lebensmitteln. Wasser wurde mittels glühender Steine in wasserdichten Kästen zum Kochen gebracht. Es gab drei Möglichkeiten, in Lehmöfen zu backen und etliche Arten der Zubereitung auf offenem Feuer. Manches wurde in der Sonne getrocknet, in Birkenborke gewickelt und in Erdlöchern aufbewahrt. Wurden Raubtiere zum Pro-blem, baute man Verstecke über der Erde.

Reichhaltige Beerenfelder wurden von spezifischen Familien, die auch damit handelten, kontrolliert. Steifgeschlagene Soapalillbeeren mit ihrer feinen Säure galten als Delikatesse.

Nach dem Kontakt lernten die Eingeborenen schnell "Bannocks", eine Art Brötchen, zu backen, heute angeblich besser als alle anderen. Traditionelle Speisen wurden modernem Geschmack angepaßt.

Zur Zeit bieten kleinere Indianern gehörende Unternehmen eine geringe Anzahl von traditionellen Gerichten. Vor dem Anthropologischem Museum an der Universität von BC in Vancouver servieren Dolly Watts und ihre Angestellten in einem einfachen Kiosk den legendären »bannock.« Frau Watts führt auch ein Unternehmen, daß vollständige traditionelle Gerichte auf Bestellung herstellt. Bitte rufen Sie »Just like Grandmas Bannock« unter der Nummer (604) 255-2243 an.

In Nord Vancouver bietet ein einfaches Café sowohl nordamerikanisches Essen wie auch Büffel-Hamburger, Lachs-Hamburger und eine köstliche

Wurst aus Wild (»hot dog«). Treten Sie bitte mit dem Gathering Place Café, 3010 Sleil-Waututh Road, Nord Vancouver (604) 929-9421 in Verbindung. Von Zeit zu Zeit richtet Isadora's Restaurant auf Granville Island seine Speisekarte einige Wochen lang auf indianische Spezialitäten, einschließlich amerikanisches Elcheintopfgericht mit Blaubeeren, auf Holzkohle gegrillter Lachs, besondere Kräutersalate und andere indianische Gerichte. Sie können Isadora's Co-operative Restaurant folgenderweise erreichen: 1540 Old Bridge Street, Granville Island, Vancouver (604) 681-8816, (604) 241-3938 oder per Fax (604) 681-4538.

Für Besucher, die den saftigen Lachs, der in der indianischen Küche vorherrschte probieren möchten, gibt es einige Restaurants die nicht den Indianern gehören, aber die einen besonders guten Ruf haben mit der Zubereitung dieses Gerichts. The Salmon House on the Hill, 2229 Folkestone Way, West Vancouver (604) 926-3212 serviert verschiedene ausgezeichnete Arten von auf Holzkohle gegrilltem Lachs. Klassische »frische Küsten« Küche, daß der indianischen Küche verschrieben ist,

## Ein Essen bei den Squamish

**Zuerst paddeln Besucher** in großen Kajaks 2 Stunden lang durch eine reizvolle Flußmündungslandschaft. Dann erwarten sie die Squamisch am Ufer, wo Lachs schon gegrillt wird. Nach dem Essen erzählt ein Älterer Geschichten. Eine davon handelt von einem Stawamus Häuptling, einem großen, schwarzen Monolithen. Man kann dieses Angebot auch ohne die Kajakkomponente haben; mindestens 10 Personen.

befindet sich im Raintree Restaurant, 1630 Alberni Street,

"Manche unserer älteren Gäste haben noch nie gepaddelt", sagt der Inhaber. Dies ist eine Gegend, wo ca. 3000 Weißkopfadler überwintern, die größte Gruppe in Nordamerika. Auskunft: Everything Outdoors Ltd, Box 415, Brakendale, Squamish, BC, V0N 1H0 (604) 898-4199.

Vancouver (604) 688-5570, Reservierungen empfohlen.

## Sehenswürdigkeiten mit Indianischen Themen: North Vancouver

**Das Theater in the Sky** präsentiert einen 30 minütigen Multimedia-Film über die Transformation eines sterblichen Schnitzers in einen Weißkopfadler. Diese Laserproduktion unter dem Titel "Unser Geist fliegt empor" wird in regelmäßigen Zeitabständen wiederholt. Man erreicht Grouse Mountain mit einer Drahtseilbahn am Ende der Capilano Road. Auskunft: Theater in the Sky, 6400 Nancy Greene Way, North Vancouver, BC, (604)

984-6619.

Die Capilano Suspension Bridge ist die älteste Sehenswürdigkeit in Vancouver. 1889 baute der Schotte George Mckay sie mit Hilfe von zwei hiesigen Eingeborenen: August Jack Khahtsahlano und seines Bruders Willie. Die Coast Salish nannten sie zunächt die "Lachende Brücke," da die Seile im Wind summten. 1993 bestellte Nancy Stibbard, die jetzige Inhaberin, einen Totem-

pfahl zu Ehren einer Älteren, Mary Khahtsahlano. Weit über 90 Jahre alt, ging sie regelmäßig über die Brücke, um im Wald zu spazieren.

Jetzt geht man über eine 137m lange Brücke, die sich 70 m hoch über den Capilano Fluß spannt. Manchmal sind indianische Schnitzer dort am Werk. Im Sommer gibt es Lachsgrillen. Auskunft: Capilano Suspension Bridge and Park, 3735 Capilano Road, North Vancouver BC, (604) 985-7474.

# MUSEEN: VANCOUVER UND UMGEBUNG

**H**och über dem Ozean steht das UBC Museum of Anthropology, welches Sammlungen von Kunstwerken verschiedener Eingeborenenkulturen beherbergt. Speziell hervorgehoben in der großen Halle sind Friedhofpfähle, Hauspfosten und geschnitzte Türen. Riesenspecht, die Geschichte einer großen Flut, und die durchdringenden Augen von spiri-tuellen Figuren der Haida sind hier vertreten. Ferner seltene Potlatch Utensilien, Kellen, "Bent-Boxes" und enorme Festessen-Schüsseln. In wei-teren Räumen befindet sich die Recherchierkollektion, wie Wintertanz Transformationsmasken, Beispiele des Haida Argillit und ein "Potlatchkupfer,"die Verkörperung des Reichtums eines Häuptlings. Zeremonialgegenstände aus Silber, Gold, Knochen, Argillite und Holz sind in eleganten Vitrinen ausgelegt. Für die zeitgenössische Sammlung wurde bei dem Haidakünstler Bill Ried eine Zedernskulptur "Rabe und die ersten Männer" bestellt. In dieser Geschichte kommen Frauen erst später vor. Bei den Stammesmitgliedern seiner Mutter ist Rabe eine prominente Gestalt in der Mythologie der Schöpfung.

Außerhalb des Museums, vor der Kulisse der schneebedeckten Berge, stehen etliche von berühmten Schnitzern gefertigte Totempfähle sowie 3

Das eindrucksvolle Museum of Anthropology wurde 1990 als "Beste Sehenswürdigkeit in Kanada" ausgezeichnet. Außer Totems hat es eine große Kollektion von Eingeborenenkunst, sowie eine Sammlung von Keramik aus der ganzen Welt.

Großhäuser. Dörfer bestehend aus mehr als 50 solcher Gebäude waren keine Seltenheit an der Küste. Man bekommt einen Einblick in die Zivilisation der Eingeborenen, die hier schon seit Tausenden von Jahren besteht.

Das Eingangstor, sowie die äußeren Wandplatten wurden von Tsimshian Schnitzern ausgeführt. Besucher können in den Fußstapfen von Präsident Bill Clinton und jenen des Premierministers Boris Jeltzin stehen, die sich hier unter einem Kwagiulth Portal während des 1993 Gipfeltreffens fotographieren ließen.

Eine weitere große Kollektion befindet sich im Vancouver Museum im Vanier Park. Diese Sammlung betont die Kunst der Coast Salish, die weiterhin auf Ländereien, die zu Groß-Vancouver gehören, wohnen. Eines der Exponate zeigt, daß schon die vorgeschichtlichen Menschen dieser Gegend Trepanation - Schädelbohrung um Innendruck zu mindern - kannten. Die Coast Salish waren schon immer wegen ihrer dicht gewebten Regenhüte bekannt. Auch Chilkat Decken, Fischfanggeräte, Zedernkleidung und Sprecherstäbe sind ausgestellt. Ein Kahn, welcher den Nuuchahnulth zum Walfang diente, steht in voller Größe zwischen Harpunen und ähnlichem Walfangzubehör. Einige wichtige Potlatch Kupferplatten sind zwar ausgestellt, aber sehr unauffällig. Das Museum fördert auch temporäre Ausstellungen von Masken und anderen Kunstwerken.

Weitere interessante Museen in Vancouver: Simon Fraser Museum of Ethnology, eine Kollektion aus BC archäologischen Ausgrabungen. Der Vancouver Art Gallery gehört eine komplette Sammlung von Gemälden von Emily Carr, der von Indianern inspirierten Klee Wyck. Auskunft: UBC Museum of Anthropology, 6393 N.W. Marine Drive, Vancouver, Tel. (604) 822-3825, (604) 822-5087. Dienstags Eintritt frei; Vancouver Museum, 1100 Chestnut St, Vancouver, (604) 736-7736, Senioren Montags frei; Simon Fraser Museum of Ethnology, (604) 291-3325, Vancouver Art Gallery, (604) 682-5621.

## Form folgt Funktion

**Das Dach des Vancouver** Museums ist eine architektonische Verbeugung an die Menschen, die einst dieses Land bewohnten. Es hat die Form eines Hutes, typisch für die Coast Salish "die Menschen der hohen Gräser". Die Hüte waren so eng geflochten, daß sie kein Wasser durchließen und somit vor Regen aber auch vor Sonne schützten. Hier sieht man solch einen Hut, den ein Kwagiulth Tänzer aus dem Vancouver Island Dorf Fort Ruppert trägt.

# EINGEBORENENKUNST: VANCOUVER

**D**ie Kunst der Menschen hier am Pazifik reflektiert eine gewisse Verbundenheit zwischen menschlicher Erfahrung, dem Tierreich und der Traumwelt - die Zeremonialmasken veranschaulichen das. Die sogenannten Verwandlungsmasken sind so konstruiert, daß sie sich öffnen können und innen ein zweites Antlitz enthüllen.

Schutzgeister gibt es überall. Specht wacht über Erbauer von Booten, Lachs über den Anglern, Wolf über den Jägern,

An der B.C. Küste haben Masken selten Öffnungen für die Augen.Die Tänzer schauen durch Schlitze an Mund, Nase, Schnabel oder Hals. Das gibt dem Künstler die Möglichkeit, viel Ausdruck in den Augen der Maske darzustellen.

## Eine moderne Potlatchfrau

*"Ich richte mich nach meinem Geschmack und nach dem Markt."*
—Patti Rivard, Nuuchahnulth, 1993

Als **Patti Rivard** die Wickanninnish Galerie auf Granville Island in Vancouver eröffnete, beschloß sie, sich auf indianischen Silberschmuck und Ausgewähltes aus dem Kunsthandwerk zu konzentrieren. "Wenn diese wirklich ausgezeichnet sind, werde ich sie verkaufen. Die Künstler kommen, denn man spricht von mir. Ich tendiere zu weniger berühmten eingeborenen Kunsthandwerkern, weil ihre Preise etwas besser

liegen, aber sie wissen, daß sie mir nur die Stücke zeigen sollen, welche meinen hoch angelegten Maßstäben entsprechen."

Die in Tofino geborene Patti Rivard hat als Kind die Perlenstickerei und Webkunst ihrer Großmutter bewundert. Sie eröffnete als eine der ersten Eingeborenen ein Geschäft in Vancouver und erhielt einen Preis der Vancouver Business Association für Bestleistung in 1993. Aus Dankbarkeit für ihren Erfolg hat sie in den letzten sieben Jahren schon zwei traditionelle Potlatches für ihre Leute daheim gegeben. "Vielleicht werde ich noch ein drittes geben," meint sie. Auskunft: Wickanninish Gallery, 1666 Johnston St, Vancouver, (604) 681-1057.

und den Schamanen stehen mystische Geschöpfe zur Seite. Früher, wenn ein junger Mann auf Visionssuche ging, nahmen seine Offenbarungen Tierform an.

Eingeborene Künstler kombinieren das Wissen um die Welt der Geister der Vergangenheit mit Grafikverfahren der Gegenwart. So erlangten sie den Ruf der feinsten Eingeborenenkunst der Welt. Die beliebtesten Materialien der BC Künstler sind Gold und Silber für Schmuck, Zeder und Birke für Masken und Wal oder Mammuthzähne für verschiedene Ornamente. Mammuth-Stoßzähne findet man oft in den Northwest Territories. Am

**Ein Silberanhänger, der an den kühlen Glanz von Mondstrahlen erinnert - er stellt den mächtigen Thunderbird dar.**

bekanntesten sind Silberarmreifen und charakteristische rotschwarze Siebdrucke. Seit

kurzem wächst die Beliebtheit der von Eingeborenen entworfenen Modekleidung. Stammeswappen werden auf Umhängen, Jacken, Mützen und Röcken appliziert. Solche Kleidungsstücke bekommt man bei Dorothy Grant Feastwear, 757 West Hastings Street, Sinclair Centre, (604) 681-0201; Legends Alive, St. Mary's Centre, 34110 Lougheed Hwy., Box 3359, Mission BC, V2V 6N9, (604) 826-6664.

## Die Kunst der Indianer: Grossraum Vancouver

**Canoe Pass Gallery,**
  #115, 3866 Bayview Ave,
  Steveston
  (604) 272-0095
**Chief's Mask Bookstore,**
  73 Water Street, Vancouver
  (604) 687-4100
**Coast Salish Arts,**
  3917 West 51st Avenue,
  Vancouver, (604) 266-7374
**Cowichan Knits and Crafts,**
  424 West 3rd Street, North
  Vancouver (604) 988-4735
**Gallery of Tribal Art,**
  2329 Granville Street, Vancouver (604) 732-4555
**Heritage Canada,**
  356 Water Street or 650 West
  Georgia, Vancouver
  (604) 669-6375
**Hill's Indian Crafts,**
  Gastown, 165 Water Street,
  Vancouver (604) 685-4249
**Images for a Canadian Heritage,**
  164 Water Street, Vancouver
  (604) 685-7046

**Inuit Gallery,**
  Gastown, 345 Water Street,
  Vancouver (604) 688-7323
**Jenkins Showler Gallery,**
  1562 Johnston Road, White
  Rock, (604) 535-7445
**Khot-La-Cha Handicrafts,**
  270 Whonoak Street,
  North Vancouver
  (604) 987-3339
**Leona Lattimer Gallery,**
  1590 West 2nd Ave, Vancouver
  (604) 732-4556
**MacEwen Art Ltd.,**
  560 Beatty Street, Vancouver
  (604) 685-6920
**Marion Scott Gallery of the Arts,**
  671 Howe Street or 801 West
  Georgia, Vancouver
  (604) 685-1934
**Museum of Anthropology Gift Shop,**
  6393 NW Marine Drive, UBC
  Vancouver (604) 822-5087
**Potlatch Arts,**
  100, 8161 Main Street,

Vancouver (604) 321-5888
**Ray McKeown Buffalo Designs,**
  403, 1906 Barclay Avenue,
  Vancouver, (604) 687-8209.
**Richard De La Mare Jewellery,**
  2257 Dollarton Highway, North
  Vancouver (604) 929-4673
**Sea Hawk Auctions,**
  3243 264th Street, Aldergrove
  (604) 657-2072
**Silver Blue Traders Ltd.,**
  1165 Robson Street, Vancouver
  (604) 688-9200
**The Indian Gallery,**
  456 West Cordova Street,
  Vancouver (604) 684-6290
**The Trading Post,**
  3735 Capilano Road, North
  Vancouver (604) 985-7474
**Vancouver Museum Gift Shop,**
  1100 Chestnut Street,
  Vancouver (604) 736-7736
**Wickanninish Gallery,**
  1666 Johnstone Street,
  Vancouver (604) 681-1057

# INDIANER-TREFFPUNKTE IN VANCOUVER

**Kinder der Squamish Nation warten auf ihren Auftritt während einer Pfahlaufstellung in Nord Vancouver. KLEINES BILD: Die Älteren helfen mit der Zubereitung von Lachs bei einem Fest. Die Feuer werden vom Morgengrauen bis spät in die Nacht geschürt.**

**I**n früheren Zeiten fanden während der Wintermonate ausgedehnte Tanzzeremonien statt. Die Speiskammern vollgefüllt, gab es viel Zeit für Festessen und dramatische Erzählungen von Geschichten. Tänze wurden zunächst von geheimen Vereinen choreografiert. Jedes Jahr wetteiferten sie um noch spektakulärere Spezialeffekte. Die Akteure projezierten ihre Stimme mit Hilfe von Röhren; Falltüren ermöglichten plötzliches Verschwinden und Marionetten tanzten mit Hilfe von Seilen.

Heutzutage gehören diese Feste in den Sommer, doch das Element des Wettbewerbes ist immer noch Teil der Spannung. Powwows beginnen mit einem großen Auftritt, der von stundenlangen Tanzturnieren gefolgt wird. Nachbarstämme konkurrieren bei Bootsrennen, wobei die athletischen Kanuteammitglieder von den jungen Leuten sehr bewundert werden.

Eine Besonderheit dieser Feste an der Pazifikküste ist ein "Schnellimbiß", bestehend aus: Bannock (Art Brötchen), oder frittiertem "Brot am Stecken" und gegrilltem Lachs. Über Erlenzweiggittern auf offenem Feuer zubereitet, nimmt der Fisch das delikate Aroma des Rauches an. Die Älteren wechseln sich beim Feuerschüren und dem Lachsgrillen ab.

## Öffentliche Veranstaltungen der Eingeborenen: Vancouver und Umgebung

Whey-AH-Wichen Canoe Festival, North Vancouver ......................Mai
Squamish Nation Canoe Races, North Vancouver..........................Juli
Squamish Nation Powwow, North Vancouver.................................Juli

Der Aboriginal Pavillon in der Pacific National Exhibition in Vancouver plant eine Serie von Veranstaltungen und eine Kunsthandwerk- Ausstellung im August und Anfang September.

(604) 542-3707. Auskunft: Vancouver Indian Centre Society, 1607 East Hastings St, Vancouver BC, V5L 1S7, Tel. (604) 251-4844, Fax (604) 251-1986

# WEAVER CREEK LAICHRINNEN: DAS TAL DES FRASER

**Die Weaver Creek Laichrinnen sind 13 km lang. KLEINES BILD: Bevor sie in die Laichrinnen kommen, werden die Fische untersucht.**

Sockeye hat das dunkelste Fleisch aller Lachse, was für Restaurants und für das Konservieren wünschenswert ist, denn sogar in Dosen behält er seine lebhafte Farbe.

Als die Lachsproduktionssteigerungsprogramme begannen war man überrascht, daß diese beliebte Gattung nicht in Fischzuchten vermehrt werden konnte. Die Eier des Sockeye überleben nur auf dem Boden von Strombetten. Am schnellsten reagierte die Technik: man verbesserte die natürlichen Strombetten, zu denen die Sockeye zurückkehren. Um Unreinheiten aus dem Wasser herauszufiltrieren, wurden kleine Wasserfälle verändert, damit das Wasser reichlich Sauerstoff führt; Bodenkies wurde gesiebt, um größere Steine zu entfernen.

Diese Vorkehrungen waren nützlich, gegen Überschwemmungen jedoch kam man nicht an. In Jahren mit starkem Regenfall gab es eine Krise und viele Lachse wurden vernichtet.

Zur Abhilfe dieses Problems wurden große Tanks gebaut, um Flutwellen, die während der Laichzeit aufkamen, aufzuhalten. Um dem Sockeye ideale Konditionen zu ermöglichen, baute man S-Rinnen, die sich den Fluß entlang schlängeln. Kleine Wasserfälle kaskadieren alle 100 m, und für Kühle sorgen Baumreihen am Ufer. Fischleitern helfen den stromaufwärts schwimmenden Lachsen. Eine Art "Staubsauger" hält den feinen Kies frei von Schutt.

Laichrinnen sind für Besucher zugänglich. Rufen sie an, wann die Lachse kommen, normalerweise Mitte Oktober. Weaver Creek ist in der Nähe von Harrison Lake. Von der Lougheed Highway fahren Sie nördlich auf die Morris Valley Road; nach ca. 300 m halb rechts. Dann folgen Sie den Schildern ca. 13 km. Auskunft: Fisheries and Oceans (604) 666-0384. Unterwegs finden Sie die ebenfalls offene Chehalis Band Hatchery; Chehalis Indian Band (604) 796-9846.

## Große Laichkanäle

| | |
|---|---|
| Adams River bei Chase.............................. (Haupt "runs " 1994, 1998, 2002) | Oktober, |
| Babine Lake bei Highway 16...................... | jährlich, September |
| Seton Creek bei Lillooet............................. | ungerade Jahre, Oktober |
| Weaver Creek bei Harrison Hot Springs... | Jährlich, Oktober |

Auskunft: BC Travel InfoCentres:
Adams River (604) 372-7770,
Babine Lake (604) 847-5227,

Seton Creek (604) 392-2226,
Nulltarif: 1-800-663-5885.

# HATZIC ROCK: MISSION

**Um den Hatzic Rock werden Gaben hingelegt,welche die Geister in ihm neu erwecken sollen.**

**H**atzic Rock ist einer der vielen, halbvergrabenen Felsen die ein Gletscher vor 30,000 Jahren zurück gelassen hatte. Solche Felsblöcke wurden von der Urbevölkerung oft als Anhaltspunkte in der Landschaft gewählt. Sto:Lo Ältere kennen eine alte Geschichte über diesen Felsen. Man sagt, daß ein rebellischer Mann zu Stein wurde, als Strafe für seinen Ungehorsam. Zu Stein erstarrt, wachte er einsam über seine Gemeinschaft.

1989 während des Baues einer neuen Siedlung, gruben Baumaschinen aus Versehen etliches Handwerkszeug aus. Man rief die Sto:Lo Leute herbei, und diese konsultierten Anthropologen der Universität von British Columbia. Diese Funde bestätigten eine Theorie der Sto:Lo. Dieser Felsen stand tatsächlich bei einer Gemeinde.

Ein Jahr später wurde eine Ausgrabung finanziert und die Umrisse prähistorischer Häuser und Feuerstellen wurden entdeckt. Jeder Liter der ausgegrabenen Erde wurde gesiebt. Man fand einfaches Werkzeug und Felssplitter. Winzige Muschelfragmente wurden gesammelt um sie zu wiegen. Durch die Kalkulation der Nährungswerte dieser Muscheln kann man die Anzahl der hier lebenden prähistorischen Menschen ausrechnen.

Etwas Interessantes ist seit-her geschehen. Die Sto:Lo wollen den Felsen "neu beleben". Gaben werden hingebracht und Zeremonien in seiner Nähe gehalten. In 1994 soll er unter der Leitung des Verbandes eine Sehenswürdigkeit werden. Es gibt schon eine Informationsstelle, welche die Ausgrabungen und die Geschichte der Gemeinschaft, die einst hier lebte, erklärt.

Hatzic Rock befindet sich 2 km östlich von Mission. Auskunft: Mission Travel Info-Centre, (604) 826-6914; oder Friends of Hatzic Rock Society, Box 3223, Mission, BC, V2V 4J4,. Tel.(604) 826-3074, Fax (604) 826-6848.

# Wo Eingeborene Sich treffen: Tal des Fraser

**M**an sagt das Powwow sei eine Feier des Überlebens und der Anpassung der indianischen Kultur. Unkommerziell von Natur aus, gab es auch keine Reklame, außer der von Mund zu Mund. Auswärtiges Publikum wird weder kultiviert noch ist es erwartet. Aber irgendwie finden manche den Weg zu diesen Ereignissen. Die alten Traditionen der Tänze und Gesänge werden weiterhin in Ehren gehalten. Auch werden heutzutage Musik und Tanz untereinander, auch über Stammesgrenzen hinweg ausgetauscht. Das Powwow gibt jedem Tänzer die Möglichkeit, sein Indianertum auszudrücken.

Die dreizehnjährige Corie-Marie Sandy als Prinzessin der "Merritt Miss Conayt Friendship Society" während des alljährlichen Seabird Island Kanurennens in Agassiz.

## Die Kunst der Eingeborenen: Fraser Tal

**Bigfoot Moccasin Factory,** Suite 104, 2485 West Railway St. Abbotsford (604) 854-8380

**Muskwa Gallery and Sto:lo Native Handicrafts,** 773 Water Ave, Hope (604) 869-5000

**Peter's Arts and Crafts,** Exit 151, Peters Road, Hope (604) 794-7059

**Seabird Island Café and Giftshop,** 77 Haig Highway, Agassiz (604) 796-9852

## Öffentliche Veranstaltungen der Eingeborenen: Tal Des Fraser

Seabird Island Indian Festival, Agassiz.............................................Mai
Cultus Lake Indian Festival, Cultus Lake.........................................Juni
John Pennier Memorial Canoe Races, Agassiz.............................Juli
International Powwow, Mission...........................................................Juli

Auskunft: Mission Indian Friendship Centre, 33150 A First Ave, Mission, BC, V2V 1G4, Tel. (604) 826-1281, Fax (604) 826-4056.

# DAS SECHELT VOLK: SUNSHINE COAST

**Manchmal wird diese seltsame Gruppe von Gestalten in Sechelt "Stonehenge-Gruppierung" genannt. Ein Kreis ist Sinnbild der Gleichheit, der Geborgenheit innerhalb seiner Grenzen und des Einbezugs aller.**

Der Coast Salish Eingeborenenverband wurde 1986 eine unabhängige Regierungskörperschaft. Der Sechelt Indian Government District regiert sein Land und nutzt seine Autorität um seinen Einwohnern zu dienen. Sie besitzen unter anderem eine Fluglinie Tyee Air, sowie eine Kiesgrube. Ein RCMP Offizier, der auch ein Sechelt Älterer ist, unterstützt zusammen mit der Hilfe der Medizinfrauen, ein vom Verband geleitetes Heilzentrum am Ufer des Jervis Inlet. Mit traditionellen Methoden, inklusive eines Schwitzhauses, werden straffällige junge Leute aus ganz B.C. rehabilitiert.

Eine Gruppe im Kreis stehender, geschnitzter Figuren symbolisiert die Erfolge. Sie stehen auf einer Wiese am Meeresufer auf dem eigenen Land der Eingeborenen. Manche haben kein Gesicht, sie repräsentieren die Vergangenheit des Verbandes. Andere, mit dem Adlerwappen, haben nach vorn gerichtete Gesichter und symbolisieren das Heute und die Zukunft.

Einige Veranstaltungen und Einrichtungen für Besucher gibt es im Sechelt Cultural Complex in Sechelt.

In dem an der Hauptstrasse gelegenen "hewhiwus House," auch "Haus der Häuptlinge" genannt, befindet sich ein kleines Korbwarenmuseum, sowie TsainKo, ein Kunsthandwerksladen der Eingeborenen gehört. Das "The Raven's Cry" Theater mit 270 Sitzplätzen präsentiert manchmal indianische Geschichtenerzähler. Sechelt Nation Kanu-regattas und Tänze finden auch ab und zu statt. Nahbei ist die Sechelt Band Hatchery, welche zugänglich ist. Tel. (604) 885-5562. Sechelt Cultural Complex: (604) 885-2273; TsainKo Geschenkartikel (604) 885-4592. Von Vancouver sind es 40 Minuten per Fähre nach Langdale, dann 30 Minuten auf asphaltierter Straße. BC Ferries Information: (604) 685-1021 und (604) 886-2242.

# SKOOKUMCHUCK REVERSING RAPIDS: SUNSHINE COAST

Zwischen Ebbe und Flut ist Skookumchuck Narrows ruhig. 2 mal am Tag wechseln die Gezeiten, dann treffen sich Ebbe und Flut. Das macht die Schiffahrt riskant.

Skookumchuck bedeutet "starkes, turbulentes Gewässer." Dank einer seltsamen geo-logischen Formation sind die Skookum-chuck Stromschnellen gezwungen, sich bei Flut zu überschlagen. Das Meer-wasser stürzt in die Bucht und staut sich auf einer Seite. Bei Ebbe kehrt der Stau um und strömt durch die Sechelt Stromschnellen. Dann sind kochende Kessel und Strudel und Wirbel zu sehen. Der Unterschied des Wasser-spiegels zwischen den beiden Seiten kann 2 m übersteigen. Die Geschwindigkeit der Strömung beträgt mehr als 30 Km/Std.

Wer dorthin kommen möchte sollte zunächst fest-stellen, wann die Gezeiten während der Tageszeit umkehren. Travel InfoCentre (604) 885-3100; zweitens: Um die Sunshine Coast zu errei-chen, nehmen Sie die Fähre von Horseshoe Bay nach Langdale, eine 40 minütige Überfahrt. BC Ferries Auskunft: (604) 685-1021 oder (604) 886-2242. Drit-tens: zum Skookumchuck Narrows Provincial Park geht es nördlich auf Highway 101, vorbei an Sechelt und Pender Harbour, dann rechts bei der Egmont Abzweigung. 1 km südlich von Earls Cove folgen Sie den Schildern zum Park-platz. Viertens: nun muß man noch 4 km zu Fuß den Weg an Brown Lake vorbei gehen. Unterwegs gibt es Hinweistafeln, sowie WCs. Der leicht zu begehende Weg windet sich durch üppigen Küstenwald und hat kaum Steigungen. (ca.1 Stunde.) Wer Mut hat die Strom-schnellen vom Wasser aus zu sehen, ruft Tsoonie Char-ters an: (604) 885-9802 und (604) 885-9053.

## Museen und die Kunst der Eingeborenen

**House of héwhíwus Gift Shop,** 5555 Highway 101, Sechelt (604) 885-4592
**Powell River Historical Museum,** Willingdon Park, Powell River (604) 485-2222. Dieses Museum hat eine Kollek-tion von indianischen Körben.
**Talking Stick Productions Ltd.,** Box 1016, Gibsons, (604) 886-2429
**Tsoonie Native Crafts,** 5644 Cowrie Street, Sechelt (604) 885-9802, (604) 885-9053

# Tsoonie Abenteuer per Boot: Sunshine Coast

**D**ieses Touristikunternehmen in indianischem Besitz ist bekannt für seine Mini-Abenteuer: eine 5-Stunden Kreuzfahrt und Lachsgrillen auf offenem Feuer. Das Charterboot "Tsoonie" umfährt die Stromschnellen von Skookumchuck, vorbei an Auster-und Fischfarmen und an Piktografien zu einem Ruheplatz. Während das Essen vorbereitet wird, können Sie den Wald auskundschaften.

Für Abenteuerlustige, die sich für einen längeren Aufenthalt im Freien interessieren: Die Firma bietet auch Bootsfahrten zu verschiedenen Camps an. Zusätzlich zu den üblichen Zelten, Matratzen und Kochutensilien stehen auch Kanus, Angelausrüstung, Krabbenfallen und Muschelharken bereit.

Die Erfahrung der Wildnis kann stimulierend wirken. Nachdem man den ganzen Tag Reiher beobachtet oder Krabben gefangen hat, ruht man sich in einer "Hottub" mitten im Wald aus. Im dampfenden Wasser faulenzend, lassen sich Bergziegen auf den umliegenden Klippen und Adler im Fluge beobachten. Sogar heiße Duschbäder gibt es hier.

Aleta Giroux und ihr Gatte Art leiten diese originelle Abenteuerfirma. Sie bemühen sich, einen raschen Übergang vom Stadtleben zum bequemen Kampieren in der Wildnis zu ermöglichen. Aleta sagt: "Es ist nicht schwer uns zu finden

**Wäehrend eines entspannenden Bades kann man Adler beobachten. Im Verlauf des Tages geht man auf Erkundung, sucht Muscheln, angelt und holt die Krabbenfallen ein.**
**KLEINES BILD: Aleta Giroux, eine PrärieCree, lebt jetzt an der Küste, wo sie Gäste, welche die freie Natur lieben, empfängt.**

und mit uns auszukommen".

Vor dem Kontakt mit Weißen war es üblich für Schamanennovizen in die Wälder zu wandern um eine Vision zu suchen. Auch Frauen konnten Schamane werden. In Gegenden wie hier am Narrows Inlet fasteten und lernten sie, wie sie mit den Kräften der geistigen Welt in Kontakt kommen konnten. Bei den Coast Salish ist dies durch die Visionssuche bei den Schutzgeistern geschehen. Nach einem Kaltwasserbad im Morgengrauen und entsprechenden Riten erreichten die Suchenden in der Abgeschiedenheit der Wildnis einen Zustand erhöhter Sensibilität. In dieser Verfassung war es möglich, einen Gesang zu empfangen. Sogar Kinder wurden schon in jungen Jahren ermutigt den eigenen, speziellen Gesang zu finden.

Besucher der Sunshine Coast können sich am Anblick der Robben, Wasservögel und des endlosen Waldes erfreuen. Sensible Menschen werden vielleicht etwas von der Macht fühlen, welche die Salish Leute und ihre Schamanen spürten.

Auskunft: Tsoonie Outdoor Adventures, Box 157, 5644 Cowrie St, Sechelt, BC, V0N 3A0, (604) 885-9802 und (604) 885-9053. Es sind 40 Min.per Fähre von Horseshoe Bay nach Langdale, dann 30 Min. auf asphaltierter Straße. BC Ferries (604) 685-1021.

# TRADITIONELLER FISCHFANG: LILLOOET

**D**ie Lil'wat Leute kamen schon immer zu bestimmten Stellen am Fraser, um Lachse zu fangen und sie auf Gestellen zu trocknen. Während des Hauptwanderzuges im Juli und August versammelten sie sich am Flußufer. Der warme Wind, der durch die Schlucht bläst, bietet hervorragende Voraussetzungen für das Lachstrocknen. Wenn die Temperatur im Sommer bis auf 40 Grad steigt, ist das wie ein natürlicher Backofen. Die Lil'wat waren auch Zwischenhändler für Lachs und andere Waren.

Die Eingeborenen können im Fraser gut fischen. Nur sie dürfen permanente Netze wie diese, aussetzen. Etwa 80% aller Lachse an der Westküste von Nord Amerika sind im Fraser und seinen Nebenflüßen zu finden.

Frauen säubern am Ufer die Fische und schneiden sie in charakteristische Streifen. Früher wurde der ganze Fisch getrocknet, die Haut über dem Feuer getoastet und das frische Fleisch in Oolichanöl getaucht und roh gegessen. Fischaugensuppe war eine Delikatesse. Wie auch früher werden heute die Fischstreifen auf waagrechten Stangen aufgehängt. Manchmal wird eine Zeltbahn über sie geworfen und darunter ein Pappelfeuer entfacht. Der Rauch dieses langsam brennenden Feuers verleiht einen zarten Geschmack.

Nur indianische Fischer dürfen heute permanente Netze in den Fluß legen. Das Netz schwingt von einer Verankerung an Land in den Strom hinein und wenn gefüllt wieder zurück. Andere Fischfangexperten stehen auf den Felsen, von denen aus sie mit Speerhaken die silbrigen Fische aus dem rasch fließen-

den Wasser herausholen.

Tradition sagt, daß der erste Lachs, der an jeder wichtigen Fischfangstelle aus dem Wasser gezogen wird, der Führer ist, dessen Kommando die anderen Fische folgen. Deshalb behandelte man diesen besonders. Er wurde wie ein geehrter Gast zu einem Altar getragen und mit rotem Ocker bestreut. Zu seinen Ehren hielt man Reden. Dann aßen alle von diesem Fisch, der rituell zubereitet wurde. Das Wichtigste aber war, seine Gräten wieder in das Wasser zurückzulegen, damit er in die Unterwasserwelt der Lachse zurückkehren konnte. Auf diese Weise würde er wieder Fleisch werden, später wiederkommen und sein Gefolge mitbringen.

Außenstehende können den Eingeborenen bei ihrer Arbeit zuschauen, vorausgesetzt sie und die Trockeneinrichtungen werden nicht gestört. Fotografieren soll man

ohne vorherige Erlaubnis niemanden, auch Kinder nicht. Dies ist Privatgebiet, und die Eingeborenen haben das Recht auf Ungestörtheit. Wer länger verweilen möchte, sollte Lebensmittel als Geschenk bringen.

Hinweise: Das Lil'wat Fischfangcamp liegt unter der Old Bridge in Lillooet. Es ist gewöhnlich im Juli und August bewohnt.

Auskunft: Rufen Sie an, ob die Lachse angekommen sind. Friendship Centre Society, Box 1270, Lillooet, BC, V0K 1V0, Tel. (604) 256-4146, Fax (604) 256-7928.

Das alljährliche Lillooet Indian Band Powwow findet im Mai statt. Auskunft: (604) 256-7357

# SECHS TOTEM-DÖRFER: HAZELTON AREA

**J**ahrhundertelang war das Hazelton Gebiet Heimat für die Gitksan und die Wet'suwet'en. Der Skeena, der als "Fluß der Nebelschleier" bekannt war, fließt durch eine Landschaft welche von majestätischen 1000 Meter hohen Gipfeln des Roche de Boule Gebirges umgeben ist.

Heutzutage fahren viele Besucher weiter als nur zu dem 'KsanDorf, zu anderen indianischen Dörfern, von denen jedes einzigartige Gruppierungen von feinen Totempoles aufweist. Manche davon sind die ältesten, noch stehenden in der Küstenregion von BC. Die Eingeborenen hier schützen ihre Totems sehr gewissenhaft und verschonen sie vor Modeeinfluß.

Es gibt in jedem Dorf einige Pfähle. Kispiox bedeutet "Versteck". Am Fuße eines Totems finden wir die Gestalt des Yäl, des Gründers dieses Dorfes, mit seinem Tomahawk. Auf einem anderen Pfahl ist die Grundfigur "die Weinende", ein Waldhuhn haltend. Dieses wurde zu spät erlegt, um ihren Bruder vor dem Hungertode zu retten. Oben auf einem Pfahl sieht man Einhörnige Bergziege, das Wappen des Eigentümers. Ein anderer hat ein "Grizzly-Bär der Sonne" Wappen. Obenauf befindet sich Weiße Eule, eine weitere Familie. Einer der ältesten, wahrscheinlich um 1860 errichtet, hat ein winziges, zeremonielles Eingangsloch,

umgeben von menschenähnlichen Wesen.

Im Dorf Hazelton, am Ende der Government Street steht ein Pfahl, ca 1889 geschnitzt, der von einem anderen Dorf, Gitanmaax, stammt. Einige Frösche sind auf ihm zu sehen, wahrscheinlich das Wappen "fliegender Frosch". Eine Figur, Bushman, beschützt einen Frosch in seiner hohlen Hand, genau wie ein Schamane die Seele eines Kranken halten würde.

In Kitwancool saugt ein Kind auf einem Totempfahl seine eigene Hand. Hier ist auch Riesenspecht, ein hilfreicher Geist, mit ähnlichen Kräften wie Donnervogel.

Die Kitwanga National Historic Site ist eine Serie von Örtlichkeiten unter freiem Himmel über sechs Dörfer verteilt. Eine Gebietskarte für die Totems ist erhältlich bei: Travel InfoCentre, Box 340, Highway 16 und 62, New Hazelton District, BC, V0J 2J0, (604) 842-6571, Fax (604) 842-6077.

## Wie alt sind die Totempfähle?

**Normalerweise werden** Totems aus unbehandelten Zedernstämmen geschnitzt. Obwohl Zeder gegen Insekten widerstandsfähig ist, ist doch der Effekt der Witterung erbarmungslos. Nachdem so ein Pfahl 70 bis 100 Jahre gegen die Elemente gekämpft hat, fällt er aus Altersschwäche um. Für einen alten Totem ist die Familie verantwortlich, für welche er errichtet wurde. Bis sie sich erlauben kann ein Duplikat zu finanzieren, bleibt er liegen - jedoch vergessen wird er nicht! Wenn es so weit ist, wird ein Schnitzer der Familie bestimmt, aber wenn sich niemand mit Talent findet, kann ein Aussenseiter engagiert werden. Nun wird der Pfahl in eine Hütte gebracht, wo die Arbeit beginnt. Wenn ein Aussenseiter sie macht, wird ein Familienmitglied gewählt, das während der ganzen Zeit "über ihm steht".

## Fotosafari: Kitwanga National Historic Site

# KITWANGA FORT NATIONAL HISTORIC SITE: KITWANGA

**Der weite Blick über den Fluß ist derselbe wie zur Zeit, als heir ein Fort von bewaffneten Kriegern der Eingeborenen besetzt war.**

**KLEINES BILD:**Tafeln erklären die komplizierten Verteidigungseinrichtungen. Mit eisernen Stacheln versehene Stämme konnten auf den Feind hinuntergerollt werden.

D ieses Fort wurde von den Gitwangak in der Nähe einer Transportroute gebaut. Der Anfang ist in der Vergangenheit verloren, aber sein Ende kam in einer feurigen Schlacht in den ersten Jahren des XIX Jahrhunderts.

Viele sehen ein Fort nur im militärischen Sinn oder im Zusammenhang mit den Pelzhändlern. Doch die Indianer bauten sie, gewöhnlich an Flüßen, um ihr Land zu verteidigen, Strassenmaut von Passanten einzutreiben und Untaten zu bestrafen.

Diese Festung stand auf einem Gletscherhügel über dem Fluß und war mit Palisaden umgeben. Die Eingeborenen hatten ein raffiniertes

System Stämme zu stapeln, die bei Bedarf auf emporklimmende Feinde hinuntergerollt werden konnten. Hier wohnten reguläre Trupps von Kriegern. Sie trugen eine Rüstung aus Leder und Schieferplättchen, sowie furchterregende Holzhelme und Gesichtsschütz.

Die Indianer verstanden die Moral der Rache anders als man es heute tut. Es war gleichgültig ob die wirklich schuldige Person bestraft wurde, so lange es eine Person aus der Gruppe war, die ihnen Unrecht getan hatte. In ihrer Gesellschaft war nicht der Einzelne sondern seine Stellung wichtig. Wenn jemand ermordet wurde, schätzten die Tlingit seinen Wert. Wenn nun jemand von der schuldigen

Gruppe gefangen wurde, ermittelte ein "Gericht" dessen Rang. Wenn man feststellte, daß ein Gefangener unter der Würde des "zu Rächenden" stand, konnte er entkommen, da ihn zu strafen der Gerechtigkeit nicht gedient hätte. Nur ein Ebenbürtiger konnte für eine Untat entschädigen. Wenn jemand in das Fort gebracht wurde, tat er gut daran, seine Wichtigkeit nicht zu betonen.

Battle Hill wird auf manchen Hinweistafeln oder Karten auch Kitwanga Fort genannt. Es gibt reichlich Erklärungstafeln unterwegs. Für Rollstühle ist dieser Ort nicht geeignet, da es viele Stufen gibt. Von Highway 16 nimmt man die Abzweigung Highway 37 nordwärts, an Gitwang vorbei, ca 8 km. Es liegt kurz vor dem Eingeborenendorf Kitwancool. Auskunft: Travel InfoCentre, Box 340, Highway 16 und 62, New Hazelton District, BC, V0J 2J0, Tel.(604) 842-6571, Fax 842-6077.

# DAS EINGEBORENENDORF 'KSAN: HAZELTON

Man hat das Gefühl, wenn man durch dieses rekonstruierte Dorf geht, daß die malerische Vergangenheit um jede Ecke späht. Die in lebhaften Farben gemalten Haustüren aus Zedernbrettern verraten die Traditionen alter Tage. Kitwanga Totempfähle stehen innerhalb eines Umkreises von 50 km.

**K**san ist eine Nachbildung von Eingeborenendörfern die sich hier seit Jahrhunderten befinden. Sieben verzierte Sippenhäuser mit drei Totems stehen am Ufer des Skeena Flußes, wo Besucher einen Einblick in das Leben der Tsimshian bekommen. Eigentlich war das Dorf 'Ksan ein Depot für spezielle indianische Dekorationen aller Art. Heute wird hier Gitksan Kunst ausgestellt, um die Tsimshian Kultur der Welt vorzustellen. Eine Gebühr für das Herumspazieren gibt es nicht, aber eine geführte Tour wird empfohlen, um etwas über die Leute zu erfahren, wie auch die, normalerweise verschloßenen, drei Gebäude zu besichtigen. Mit einem indianischen Führer kommt man in das Froschhaus, das Wolfhaus und das "Fireweed" Haus. Das Froschhaus stellt Dinge des täglichen Lebens, wie es vor dem Kontakt war, aus. Man erfährt, wie die Leute vom oberen Skeena die Materialien, welche ihnen zur Verfügung standen, erfinderisch nutzten, um ein bequemes Leben zu führen. Das Wolfhaus illustriert die Veränderungen, welche mit dem Vordringen der weißen Technologie kamen - und wie sich die Indianer dazu verhielten. Das Haus ist eingerichtet, wie es kurz vor Beginn eines Potlatches wäre. Im Fireweedhaus sieht man zeitgenössische Masken, Gewänder und Chilkat Decken.

Ferner sind hier zwei Großhäuser, die für alle geöffnet sind. In einem befindet sich eine Museumssammlung und eine Kunstgalerie, im anderen ein Geschenkartikelladen. Die übrigen Großhäuser sind Teil einer Eingeborenenschule für fortgeschrittene Maler und Schnitzer. Sie sind nur selten für Demonstrationen geöffnet.

Jede Woche im Sommer gibt es eine Tanzvorstellung der 'Ksan Performing Arts Group unter dem Titel "Der Hauch unserer Großväter". Wann diese stattfindet und andere Informationen erteilt 'Ksan Indian Village, Box 326, Hazelton, BC, V0J 1Y0, (604) 842-5544, Fax (604) 842-6533.

# NISGA'A MEMORIAL LAVA BED PARK: GEGEND VON TERRACE

Obwohl mehr als 250 Jahre seit des Ausbruchs vergangen sind, wachsen noch immer keine Pflanzen hier. Die öde vulkanische Landschaft ist voller nadelspitzenscharfer Lava-Vorsprünge und türkisblauer Teiche.

**D**er neugeschaffene 18,000 ha große Provinzpark im Nass Tal ist von besonderer Bedeutung für die Eingeborenen. Er wird von dem Nisga'a Tribal Council und BC Parks gemeinschaftlich verwaltet. Vor ca. 250 Jahren, während Kanada's letztem Lavaerguss, brach der Baxhl Mihl Berg aus und vernichtete zwei Eingeborenendörfer, wobei ca. 2000 Ahnen der Nisga'a ums Leben kamen.

Die Katastrophe, so erzählt man, wurde durch Kinder verursacht, welche Zweige in einen lebendigen Lachs hineinbohrten und sie anzün-

deten. Trotz der Warnung der Älteren haben sie und andere Kinder weiterhin mit Lachsen Unsinn getrieben. Eines Tages begann es ominös zu grollen. Ein Späher wurde entsandt, und als er den Gipfel erreichte, sah er Flammen und glühende Felsen herunterregnen. Von Furcht gejagt, rannte er die Dorfbewohner zu warnen, aber für Sühne war es zu spät. Einigen gelang es, sich auf Berge zu retten, aber andere, die in Booten zum anderen Flußufer ruderten, saßen in einer Falle. Als sie schauten und beteten, erhob sich eine feurige Gestalt und stoppte den Ausbruch. Es war ein übernatürliches Wesen, Gwa Xts'agat genannt, und so

riesig, daß es mit seiner Nase den Lavafluß bremste. Gwa Xts'agat verbleibt bis heute im Berg und Kinder werden ermahnt, nie mit Lachs Spaß zu treiben.

Besucher des Parks fahren 65 km entlang den Ablagerungen schwarzer Lava, dem alten Flußbett folgend zum Nass River. Nadelscharfe Vorsprünge, pahoehoe Lava, aa Lava, unterirdische Lavaröhren und kleine türkisblaue Teiche befinden sich in dieser unheimlichen Gegend. Die großen Lava Brocken haben eine aschige Beschaffenheit. Obwohl mehr als 2 Jahrhunderte seit dem Ausbruch vergangen sind, finden wir hier kein Pflanzenleben.

Ein beschilderter, 8 km langer Pfad führt von der Straße zum Krater. Ein kleiner Ruheplatz wurde im Park eingerichtet und es gibt einen Picknickplatz mit Rollstuhlzufahrt. In der unmittelbaren Gegend befinden sich keine Hotels. Grizzly und Schwarzbären sind häufige Besucher hier, besonders während der Laichzeit der Lachse - bitte befolgen Sie alle Warnschilder! Bei den Vetter Wasserfällen kann man versuchen, den Phantomlachs zu erspähen, der angeblich hier wohnt. In den drei Dörfern New Aiyansh, Canyon City (bekannt auch als Gitwinsihlkw) und Greenville sind Besucher gern gesehen. In New Aiyansh auf dem Schulhof, steht ein großer Totem, der Einigkeits-Regenbogenmann genannt wird. Die Bewohner von Canyon City nennen sich "Salamandermenschen", vielleicht weil diese Tiere unversehrt durch Feuer gehen können. Ihr Dorf kann man über eine Fußgängerbrücke erreichen. In der Dorfmitte steht ein Norman Tait Pfahl, ein hervorragendes Kunstwerk. Zum Nisga'a Memorial Lava Bed Park sind es 100 km nordwärts von Terrace, auf Highway 152, einer teilweise asphaltierten, teilweise kiesbestreuten Straße. Der Park kann auch, aber nur im Sommer, von New Hazelton erreicht werden. Man nimmt die asphaltierte Highway 97 und dann einen schmalen, beschränkt befahrbaren Waldweg. Möglicherweise gilt die Auto- Versicherung nicht auf solchen Wegen, prüfen Sie dies, bevor Sie losfahren. Auskunft: BC Parks, Skeena District, (604) 847-7320.

**Adams House of Silver,**
Masset, Haida Gwaii
(604) 626-3215

**Blue Wolfe Art,** 4555 Wayne Way, Terrace, (604) 653-3411

**Haida Arts and Jewellery,**
House J6, Old Masset, Haida Gwaii (604) 626-5560

**House of Sim-O-Ghets,**
Highway 16 West, Terrace
(604) 638-1629

**Indian Trading Post,**
Indian Reserve, Highway 5A, Quilchena
(604) 378-4538

**Nak'azdii Handi Craft Shop,**
Kwah Road, Fort St. James
(604) 996-7368

**Native Arts and Crafts Shop,**
99 South Third Ave,

Williams Lake
(604) 398-6831

**Prince George Native Art Gallery,** 144 George St, Prince George
(604) 562-7385

**Prince Rupert Fine Art,**
225, 500 2nd Avenue W, Rupert Square Mall, Prince Rupert, (604) 624-5717

**Rainbows Gallery,**
3215 - 3rd Ave, Queen Charlotte City, Haida Gwaii
(604) 559-8420

**Ras Fine Arts,**
3379 Fielding Street, New Hazelton (604) 842-6754

**The Hiding Place,**
RR 1, Kispiox
(604) 842-6181

# HAFENRUNDFAHRT: PRINCE RUPERT

**Auf Hunderten von Inselchen gab es einst indianische Gemeinden, aber jetzt sind nur noch wenige bewohnt. Die weiter entfernte Insel hat ein verlassenes Krankenhaus, das wegen einer Choleraepidemie gebaut wurde - sie trat nie ein.**
**KLEINES BILD: Einziges Beispiel von Eingeborenen Kunst in Marmor.**

**I**m entlegenen Inseldorf Metakatla gibt es ein Marmor-Grabmal, das eine finstere Geschichte von Machtausübung erzählt. In den 1860er Jahren versuchte ein christlicher Missionar eine Eingeborenengemeinschaft in eine gottesfürchtige Utopie zu verwandeln und verbrannte alle Spuren der Indianerkultur. Eine alte Frau bekam ihren etwas bizzaren Sterbenswunsch erfüllt. Sie durfte ihr eigenes Grabmal nach der "alten Art" entwerfen. Man wollte aber nicht zulassen, daß die Familie während des Meißelns in die traditionelle Art "zurückverfällt," deshalb beauftragte man einen Grabsteinmacher in Victoria. So kam es, daß dies heute das einzige Beispiel der Kunst der Eingeborenen in Marmor ist.

Eine drei Stunden dauernde Bootstour fährt im Sommer täglich vom Hafen in Prince Rupert ab. Man fährt an 10'000 Jahre alten Spuren menschlicher Geschichte vorbei. Um Prince Rupert gibt es die dichteste Konzentration archäologischer Funde in Nordamerika - darunter über 20,000 Muschelgruben im Hafen. David Archer, ein Anthropologe und Reiseleiter gibt Erklärungen. Das historische Fischerdorf von Dodge Cove und das rein indianische Dorf Metakatla werden besucht.

Fahrkarten gibt es im Museum of Northern British Columbia, das auch Ausgangspunkt der Tour ist. (Siehe Kästchen).

## Museum of Northern British Columbia: Prince Rupert

In dieser Gegend leben die Tsimshian auf Hunderten kleiner Inselchen. Das Museum zeigt Gegenstände aus Zeder, sowie Seile und Körbe. Ab und zu wird die Besichtigung durch Vorführungen alter Filme ergänzt. Manchmal arbeiten indianische Schnitzer in einer Hütte hinter dem Museum. Eine Detailkarte: "Totem Poles Walking Tour" sowie andere Auskunft bekommt man im Museum of Northern British Columbia, Box 669, 100 1st Ave. East, Prince Rupert, BC V8J 3S1, Tel. (604) 624-3207.

# Auf dem Landweg zu sehen: Haida Gwaii

**E**in Archipel von 150 Inseln vor der Küste von B.C. gruppiert sich im Viertelkreis. Für die Haida war das schon immer Haida Gwaii "Inseln der Leute"; für Fremde sind dies die Queen Charlotte Inseln.

Es gibt so manches zu sehen. Ein altes Haidakanu liegt, nur halb fertig, verlassen im Wald nahe bei Port Clements. In Skidegate ist das Longhouse auf Kunst und Schmuck der Haida spezialisiert. Man kann dort eine Karte bekommen, welche die Privathäuser der Künstler auflistet, in denen man Haidakunst erstehen kann. Das Queen Charlotte Island Museum, Second Beach, Skidegate, konzentriert sich auf Haida Kunsthandwerk und Artikel aus Argillit. Die Haida haben auch eine Fischzuchtanstalt, das Skidegate Band Salmon Project, welche besichtigt werden kann. Genau über dem Dekatla Wild- und Vogelreservat, einem Wildnispark, liegt die Strecke, welche von 80% aller nordamerikanischen Vögel beflogen wird. Deshalb nennt man diese Inseln auch "die kanadischen Galapagos Inseln".

Im Sommer sind Hotelreservierungen in Prince Rupert und auf den Inseln obligatorisch. Reservieren kann man über Discover British Columbia, Tel. (604) 387-6371, Null-

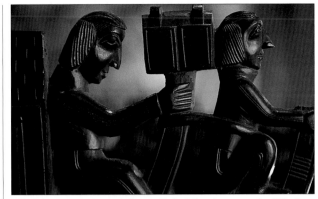

**Skulpturen aus einem seltenen Material, schwarzem Argillit, das nur in Haida Gwaii zu finden ist, werden von Sammlern sehr geschätzt.**

tarif 1-800-663-6000, Fax (604) 356-8246. Eine informative Broschüre erhält man für 6.00 Dollars bei der Queen Charlotte Islands Chamber of Commerce, Box 420, Port Clements, BC, V0T 1R0, (604) 559-4742. Die Singaay L'aa Tage in Skidegate finden im Juni statt. (604) 559-4496. Man nimmt die Fähre von Prince Rupert zu den Inseln, eine sieben-stündige Überfahrt. Reservierungen sind obligatorisch; BC Ferries Tel. (604) 669-1211, Fax (604) 381-5452.

## Der Mann vom Himmel

**Ein lebensgroßer Petroglyph** in der Nähe von Prince Rupert erzählt eine interessante Geschichte. Vor langer Zeit kam ein Fremder in ein Großhausdorf. Er ignorierte die Totems, wollte sich selbst nicht vorstellen, aber begann trotzdem zu essen. Die Älteren waren beleidigt. Sie hielten Rat und verurteilten ihn zum Tode. Doch der Fremde sprach: "Ihr könnt mich nicht töten, denn ich bin vom Himmel gefallen." Da die Älteren ihm nicht glaubten, führte er sie in ein Moor beim Ozean. "Hier ist es, wo ich heruntergefallen bin." Der

Abdruck seines Körpers im Felsen war deutlich zu sehen. So blieb er bei ihnen und wurde mit Ehrfurcht behandelt. Ein Modell davon kann man im Prince Rupert Museum sehen.

# AUF DEM WASSERWEG ZU SEHEN: HAIDA GWAII

**S**kungwai, als Ninstints besser bekannt, ist ein verlassenes Haida Dorf, jetzt eine Ruine. Dieser Ort, 95 Seemeilen* entfernt, auf der entlegenen Insel Anthony Island, steht unter UNESCO Welt-Denkmalschutz. Einst Heim des alten Adlerclans zeugt es heute von Menschen, läengst verschieden, durch die mehr als zwei Duzend Totemruinen, die noch schief herumstehen. Die blüehende Indianergemeinde wurde wahrscheinlich vor mehr als 100 Jahren von einer Pockenepidemie dahingerafft. Daneben liegt das öekologische Reservat voller Robben, Sturmvöegel und ganzer Wasservogel Kolonien.

Auf verschiedenen anderen, kleineren Inseln gibt es auch verlassene Haida Döerfer. Die Ruine Tanu liegt 40 Seemeilen* entfernt. Skedans ist ein Ruinendorf in der Näehe einer Robbenbrutstätte. Im Juan Perez Sound auf Hotspring Island, 65 Seemeilen* entfernt, gibt es natüerliche Thermen, per Boot leicht zu erreichen.

Unzäehlbare Jahrhunderte lang waren die Haida als die besten der eingeborenen Seeleute bekannt. Sie waren wegen ihrer periodischen Raubüeberfäelle gefüerchtet, sie selbst dagegen bewachten ihre sich schläengelnde Küestenlinie sorgfäeltig. Die "Wäechter" genannt, furchtlos und wachsam, sicherten sie diese Gegend des ruhelosen

**Ninstints ist ein verlassenes Haidadorf, für Bildungszwecke unter UNESCO Welt-Denkmalschutz gestellt. Es liegt auf einer kleinen Insel, die per Boot, Hubschrauber oder Wasserflugzeug zu erreichen ist.**

Ozeans und der dichten Wäelder gegen Eindringlinge ab.

Bevor man sich aufs Meer wagt, sollte man sich bei erfahrenen Seeleuten oder bei der Küestenwache informieren. (604) 559-8383. Füer manche dieser Orte sind Genehmigungen notwendig. Manche Besucher ziehen es vor eine gefüehrte Tour zu nehmen. Es ist oft kalt und regnerisch–sogar im Sommer. Viele Inseln sind unbewohnt, deshalb ist es unbedingt notwendig, daß man weiss, wie man in der Wildnis üeberlebt es gibt eventüell keine Hilfe.

* von Queen Charlotte City

**PER FLUG**

**Vancouver Island Helicopter,**
Box 333, Sandspit BC, V0T 1T0, Tel. (604) 637-5344, Fax (604) 637-2223, per Hubschrauber, ein- bis sieben-tägige Ausflüge mit Führung.

**ZU LAND**

**Delkata Bay Birding Tours,**
Box 187, Masset, BC, (604) 625-5015.

**ZU WASSER**

**Adventure Canada,**
Tel.1-800-363-7566, mit einem 20Meter Segelboot.

**Bluewater Adventures,**
3, 252 East First Street, North Vancouver BC, V7L 1B3, Tel. (604) 980-3800, Fax (604) 980-1800; mit Kabinen-Kutter, dem 20Meter "Island Roamer", maximal für 16 Gäste.

**Butterfly Tours,**
3218 West 31st Ave., Vancouver BC V6L 2A7 (604) 664-1668.

**Canadian Outback Adventure Co.,**
206-1110 Hamilton Street, Vancouver BC, V6B 2S2, Tel. (604) 688-7206, Nulltarif ist 1-800-565-8732, Fax (604) 688-7290, 20Meter Kutter, Reiseroute wird individuell, nach Wunsch zusammengestellt.

**EcoSummer Expeditions,**
1516 Duranleau St., Vancouver BC, V6H 3S4, Tel (604) 669-7741, Nulltarif 1-800-688-

8605, Fax (604) 669-3244; geführte Gruppen per Kajak oder auf der 18Meter "Morgaler".

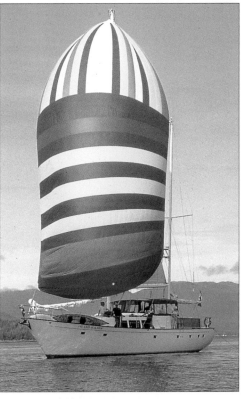

**Der Kutter "Island Roamer"**

**Haida Gwaii Watchmen Native Operated Tours,**
Box 609, Skidegate, BC, V0T 1S0, (604) 559-8225. Spezielle Absprache für eine Paddel-Expedition auf dem 16Meter Einbaumkanu "Tass Wave Eater" mit eingeborenen Führern.

**Kallahin Expeditions and Travel Services Ltd,**
Box 96, Queen Charlotte City, BC V0T 1S0, (604) 559-8070 oder 559-4746, Fax (604) 559-8430: ein allgemeines Reisebüro mit Angeboten von Übernachtungen, Mietwagen, Tagesausflügen per Boot, Rundflügen per Wasserflugzeug oder Hubschrauber, Wildnis-Erlebnistouren per Boot mit Übernachtung, Kajakverleih, Arrangements für Sportfischer.

**Kwuna Point Charters,**
Box 184, Sandspit, BC V0T 1T0, (604) 637-2261 oder (604) 559-4246, mit oder ohne Führung, per Boot.

**Moresby Explorers,**
Box 109, Sandspit, BC, V0T 1T0, (604) 637-2215, Kajaktouren, kleine Gruppen mit Führung oder Kajakverleih.

**Northwest Marine Adventures,**
Box 135, Sandspit, BC, V0T 1T0, Tel. (604) 637-5440, per Boot, stundenweise oder über Nacht.

**South Moresby Charters,**
Box 174, Queen Charlotte, BC, V0T 1S0, (604) 559-8383; 4 Tage per Boot mit Führung, VHS Video von der Reise; auch Schiffe für stundenweisen und wöchentlichen Verleih.

# DIE HÄNDLER

**Das Binnenland hat große Seen, schiffbare Flüße, Wälder und ab und zu kleine wüstenähnliche Gebiete. Fisch und Wild sind im Überfluß vorhanden.**

D ie Eigeborenen des Binnenlandes gleich östlich der Pazifikküste, entwickelten eigene Kulturen, welche ihre Fähigkeiten, die sie vom Leben an Flüßen und Seen erworben hatten, wiederspiegeln. Sie handelten mit verschiedenen Gütern.

Diese Stammesgruppen waren weniger Jäger als Fischer und Sammler. Sie hatten Erfolg als Lachsfischer und jagten mit Pfeil und Bogen oder gruben Fallen für Rehe, Elche und Bären. Sie spannten Netze zwischen zwei Kähne um Wasservögel einzufangen. Im Binnenland gab es auch große Vorkommen zweier

Steinarten: Steatit, eine Art Speckstein, der für Pfeifenköpfe geschnitzt wurde, und hartes, grünes Nephrit, jetzt als Jade bekannt, woraus sie Beilklingen machten.

Trotz der engen Handelsverbindungen griffen die Binnenlandgruppen nie das Klassensystem der Küstenbewohner auf, auch nicht Totempfähle oder Tipis. Statt

dessen hatte jeder Verband seinen Erbfolgehäuptling und einen Ältestenrat. Jagdgebiet gehörte dem ganzen Verband, obwohl manche Fischfangstellen oder Beerenplantagen der Besitz bestimmter Familien waren. Felsmalerei hat schamanistische Einflüße und ist häufig im Binnenland der Salish zu finden.

| BEKANNTER NAME | ALTERNATIVER NEUER NAME |
|---|---|
| Kootenai, Kutenai, Kootenay | Ktunaxa oder Kinbasket |
| Thompson | Nl'akapamux oder |
| Ntlakyapamuk | |
| Shuswap | Secwepemc |
| Lillooet | Lil'wat |

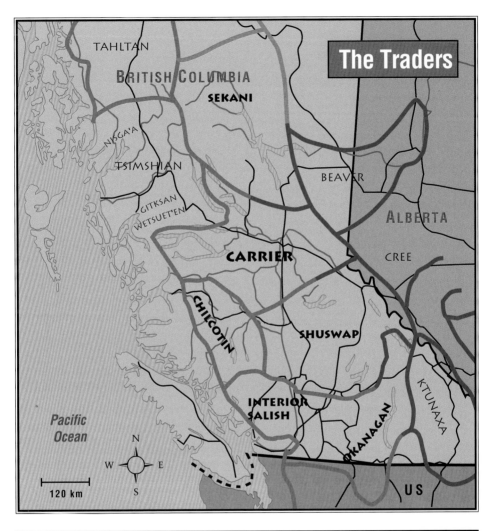

TAHLTAN

BRITISH COLUMBIA

SEKANI

NISGA'A

TSIMSHIAN

BEAVER

GITKSAN
WETSUET'EN

ALBERTA

CARRIER

CREE

CHILCOTIN

SHUSWAP

INTERIOR SALISH

Pacific
Ocean

KTUNAXA

OKANAGAN

N
W — E
S

120 km

US

## The Traders

## Häuptling der Little Shuswap

**1979 begann Chief Felix** Arnouse Beratungen mit seinen Leuten aufzunehmen um die Probleme der Arbeitslosigkeit zu lösen. Seit 16 Jahren wird er als Häuptling der Little Shuswap wiedergewählt, denn seine Bemühungen hatten Erfolg. Eines seiner großen Projekte, die Quaaout Lodge, wurde 1992 eröffnet. "Ich freue mich über diesen Urlaubskomplex", sagt er, "und die Älteren gewöhnen sich langsam an das Kommen und Gehen vieler Leute in unseren Verbandsländern." Eingeborene liefern auch Wild und traditionelle Nahrungsmittel an das Restaurant.

# HAUSTYP: DAS KEKULI ODER PITHOUSE

Eine Schicht Zedernspähne wird mit Erde bedeckt, um das Kekuli zu isolieren. Im Winter sorgt Schnee für zusätzliche Abdichtung.

**I**m Winter wohnten die Interior Salish, die im heutigen südlichen Binnenland von BC lebten, in runden kekulis, auch pithouses genannt: große, runde, gewölbte Häuser, deren Fußböden niedriger lagen als der Erdboden.

So ein Haus zu bauen dauerte drei Winter lang. Zunächst wurde eine Vertiefung von 6-12 m Durchmesser und l m Tiefe ausgehoben. Gekerbte Stützbalken, schräg in die Grube gestellt, trugen vier Balken, welche mit Seilen aus Weidenzweigen oder Rohleder befestigt waren. Seitensparren wurden außerhalb der Hauptsparren aufgestellt, während vier große Balken den Eingang rahmten. Auf Bodenhöhe entstanden zwei separate Eingänge: einer für Frauen, einer für die Älteren. Die fertige Rahmenstruktur wurde mit Pfählen bedeckt und mit Schichten von Spähnen, Fichtennadeln und Rasenstücken isoliert. Zum Schluß bedeckte man das ganze Gebäude mit Lehm. Diese Bauten konnten gut 4O bis 5O Winter überstehen.

Kleine Kekulis wurden für Mädchen gebaut, die sie bis zu sechs Winter während ihrer Einführung in die weibliche Reife bewohnten. Auch blieben Frauen während ihrer Periode dort. Sie durften während dieser Zeit nicht kochen und waren sicherlich froh über den "Urlaub vom Kochtopf". Bevor sie in ihr Haus zurückkehrten, gingen sie ins Schwitzhaus, badeten und kamen ausgeruht heim.

Um in ein Schwitzhaus zu gelangen, benutzte man eine Art Leiter: einen großen, gekerbten Stamm, welcher aus der Mitte herausragte. Ein

Männer stiegen von oben hinein, während die Älteren und Frauen einen
erdebenen Eingang benutzten.
KLEINES BILD: Der Rahmen eines Pithouse ist mit Lederriemen und Zedernseilen
zusammengebunden.

Stück Borke schloß die viereckige Öffnung oben ab. Sie konnte mit Hilfe eines langen Stockes für Ventilation offen gehalten werden.

Das Pithouse war vorzüglich geeignet für das Binnenlandplateau. Da der Fußboden tiefer als der Erdboden lag und zusätzlich Lehm und Schnee auf dem Kekuli als Isolation dienten, waren die Familien vor dem Winterwind gut geschützt. So gut, daß man im Inneren sehr spärlich gekleidet war. Getrocknete Nahrung wurde außerhalb der Wohnung verstaut, meist in Gruben, welche mit Borke ausgelegt waren.

Ähnliche Strukturen gibt es bei den Eingeborenen der Wüsten im Südwesten und man findet sie in prähistorischen Ausgrabungen in Europa und Asien. Ob sich diese Art Häuser unabhängig entwickelte, oder von den asiatischen Urahnen übernommen wurde ist unbekannt.

**Herumklettern auf dem Holzgerüst eines Kekuli.**
**KLEINES BILD: Diese Zeichnung erklärt die Holzkonustruktion.**

## Foto Safari: Pithouses in B.C

Informationen: Thompson River District Office, 1210 MaGill Road, Kamloops, BC V2C 6N6, (604) 828-4494; Secwepemc Native Heritage Park, 355 Yellowhead Highway, Kamloops, BC V2H 1H1, (604) 828-9801, Fax (604) 372-1127.

# DAS SCHWITZHAUS

Schwitzhäuser stehen an spirituellen Orten. Während des Schwitzens darf nicht fotografiert werden. Dieses Ritual ist weiterhin beliebt und es gibt mehrere Schwitzprozeduren.

**D**ie Sitte, in einem Schwitzhaus Dampfbäder zu nehmen, findet man bei vielen Eingeborenengruppen nördlich von Mexiko. Aber für die Leute des Binnenlandes ist das Schwitzen von besonderer Bedeutung.

Auch heute noch werden mit Lehm bedeckte Schwitzhäuser verschiedener Art gebaut. Ein Gerüst aus Weidenzweigen wurde gewöhnlich mit Matten bedeckt und mit Lehm, Borke und Grasstücken isoliert. Heutzutage nimmt man Zeltbahnen, damit der Dampf nicht entweicht. Der Eingang ist niedrig man muß sich bücken. Badende saßen auf Matten auf dem Boden, aber jetzt sind viele mit Holzbänken ausgestattet. Neben der Hütte brennt ein Feuer, welches Wasser in geschwärzten Töpfen aufwärmt. Lavasteine werden auch erhitzt und immer wieder verwendet. Ab und zu muß die Innentemperatur der Hütten ausgeglichen werden, deshalb liegt allerhand Gerät herum: Holzklötze; lange Geweihe, um die heißen Steine zu transportieren; Steine, um die Zeltbahnen zu verankern; Plastikstücke für Reparaturen; Äxte; Beile. Bei einigen Sippen verlangt die Tradition, daß auch auf die abgekühlten Heizsteine nicht getreten werden darf.

Schwitzhäuser sind in besonders reizvoller Gegend, in der Nähe von Flüßen oder Bächen gebaut. Nach dem Dampfbad springt man zum Schwimmen ins kalte Wasser. Männer und Frauen schwitzen gewöhnlich separat - zuerst die Männer, dann die Frauen.

Das Schwitzen gilt als Reinigungsbad und wurde in früheren Zeiten auch zur Heilung von Krankheiten angewendet. Ein spiritueller Sinn ist immer damit verbunden. Manche Sitzungen werden als gesellschaftlicher Anlass angesehen und dauern einen halben Tag, beliebt als Betätigung nach dem Kirchgang am Sonntagmorgen. Gewöhnlich schauen alle Teilnehmer zunächst nach Osten, wo der Tag geboren wird. Alle bitten den Geist des Schwitzhauses sie zu heilen. Am Ende der Schwitztour wird um Gesundheit gebetet.

Manchmal ist das Schwitzen sehr rituell und verlangt ein vorbereitendes Fasten. In diesen Fällen werden die Teilnehmer mit einem Schamanen zusammen für längere Zeit in einem geheimgehaltenen Schwitzhaus isoliert. Die Steine glühen rot in der Dunkelheit, und der Duft von Salbei wirkt beruhigend.

Diese Geisterglocken hängen in einem Museum. Sie stehen im Zusammenhang mit ernsthaften Schwitztouren. Man sagt wenn die Glocken klingen, verkündet der Geist, daß die Person frei ist.

Wichtige Schwitztouren werden abgehalten, um über die Trauer um eine geliebte Person hinwegzukommen, aber auch zur Abhilfe für Leute mit einem Alkohol - oder Drogenproblem.

Chief Felix Arnouse von den Little Shuswap, erzählt eine komische Geschichte über eine Schwitztour. Etliche Maori Eingeborene kamen von Neuseeland zu Besuch und wollten mitschwitzen. Der Ritus verlangt, daß vier mal geschwitzt und abgekühlt wird. Als Arnouse die Jungen zum ersten mal zum Fluß schickte, kamen sie nicht wieder. Besorgt ging er sie suchen. Sie standen am Ufer und spekulierten, ob in diesem Wasser Krokodile sind.

## Buchen Sie Ihr Schwitzen mit Indianern

**Man kann auch als Nicht-Indianer** zusammen mit den Little Shuswap Leuten schwitzen, aber Buchungen und Vorbereitungen müssen mindestens drei bis vier Monate im Voraus gemacht werden. Man muß alle Anweisungen befolgen und bedenken, daß dieses Schwitzen spirituelle Bedeutung hat. Fotografieren ist verboten. Fragen Sie nach Gebühren. Kontakt: Chief Felix Arnouse, c/o Quaaout Lodge, Box 1215, Chase, BC, V0E 1MO, Tel. (604) 679-3090, Fax (604) 679-3039.

**Es gibt viele Rehe im BC**
Binnenland und die Eingeborenen hatten vielfältige Verwendung für sie. Um sich an Rehe heranzupirschen, kleideten sich Jäger in Rehhaut und trugen einen Rehkopf mit Geweih als Hut. Die Kootenai waren eine Ausnahme, sie zogen Elchfelle vor, alle anderen machten Gewänder aus weichem Wildleder. Daraus wurden auch Männerhosen, Hemden und Mokassins hergestellt. Frauen trugen kürzere Hosen und lange Röcke. Hier ist eine Frau in traditioneller Wildlederkleidung mit Hosen abgebildet.

# SEN'KLIP THEATER DER EINGEBORENEN UND OEKOTOUREN: DAS OKANAGAN

**I**m Sommer gibt es in Vernon, im indianischen Sen'Klip Theater zwei mal pro Woche Abendvorführungen. Die Schauspieler, ähnlich wie die Geschichtenerzähler, stellen die Komödie des Coyote, des mutwilligen Gauners und Lehrers aus der Tierwelt, vor. Die Sen'Klip möchten das Pubikum in die visuelle Metaphorik einführen, welche weiterhin ein Teil des Indianerlebens darstellt.

Sobald die Sonne untergeht und alles vergoldet, beginnt die Vorstellung im Freien. Manchmal stellt die alte, verkrüppelte Eulenfrau die Gestalten vor. Mutter Erde lebt. Der verrückte Coyote albert mit Rehfrau herum und versucht erfolglos, Elster auszutricksen. Vielleicht stielt einer des Coyote's Augen, wenn dieser nicht hinschaut. Während der Abend dunkler wird, kompliziert sich die Handlung. Das Publikum ist begeistert.

1992 schloß die Sen'Klip Truppe mit einem anderen Turistikunternehmen Partnerschaft. Man kann jetzt während einer einwöchigen Tour in die erdverbundenen Traditionen der Eingeborenen einbezogen werden. Von Indianern geleitet kann man Reiten; bei Fackellicht paddeln; Lachs grillen, traditionelle Speisen und Tee genießen; Künstler sowie traditionelle Gerbereien besuchen und dem Gesang der Leute, wie auch ihrer Trommeln und

Sen'Klip Schauspiele drehen sich um Coyote, eine Gaunerfigur, dessen unaufhörliche Albereien ihn in endlose Schwierigkeiten bringen.

Flöten lauschen. All dies ist eine einmalige Gelegenheit für Aussenstehende und zugleich helfen sie mit, die Lebensart der Eingeborenen auf ihrem eigenen Land zu erhalten.

Diese Tourpakete der Indianer zogen im September 1992 viel Aufmerksamkeit auf sich, als der Weltkongress für Abenteuerreisen diese Tour hervorhob. 1993 waren die Veranstalter bei zwei Konferenzen

in Brasilien und in Norwegen. 1994 wurden sie nach Deutschland eingeladen, um ihr Programm zu erläutern.

Des weiteren können 3-stündige, indianische Kunsthandwerksseminare für Gruppen ab 12 Personen veranstaltet werden. Das Sen'Klip Theater befindet sich am Newport Beach RV Park, Westside Road, 1,6 km nördlich von Vernon. Regelmäßige Vorstellungen

gibt es Samstags und Sonntags im Juli und August. Auskunft: Sen'Klip Native Theater Company Office, RR 7 West Side Road, Vernon, BC V1T 7Z3, Tel. (604) 549-2921, oder die Touren über die Ecotourism Group, Box 7, Salmon Arm, BC, V1E 4N2, Tel. (604) 838-7587, Nulltarif: 1-800-267-8946, Fax (604) 832-6874.

## Öffentliche Eingeborenenveranstaltungen: Okanagan Gebiet

Cathedral Lakes Day Celebration, Ashnola.............................................Mai
Alljährliches Treffen der Eingeborenen, Vernon................................Juli
Lachsgrillen und Tanz, Kelowna..........................................................Juli

Auskunft: Ashnola Band, (604) 499-5528 oder Westbank Band (604) 760-5666, oder die Okanagan Friendship Society, (604) 763-4905.

## Ein Wüstenreservat: Osoyoos

**Heute als Federal Ecological Reserve** geschützt, hat die Osoyoos "Westentaschenwüste" den geringsten Regenfall in BC. Tiere und Pflanzenarten, sonst kaum in Kanada zu sehen, findet man auf diesem kleinen Streifen Land: Feigendisteln, Antilopenbüsche, Klapperschlangen, Putengeier, Höhleneulen.

Als vor 100 Jahren die Siedler hierher kamen, versuchten sie das Land zu bewässern, aber damals war es noch trockener. Der sandige Teil der Wüste befindet sich im Inkameep Reservat. Es ist das einzige Gebiet im Tal, das im Originalzustand belassen wurde, wie es vor der Siedlerzeit war.

Dieses Wüstenreservat befindet sich 7,5 km nördlich von Osoyoos. Das Entfernen von Tieren oder Pflanzen ist verboten. Das Travel InfoCentre sagt Ihnen, wie man am besten zum Ecoreservatteil der Wüste kommt; eine Erlaubnis ist nicht nötig. Bleiben Sie auf den ausgesteckten Pfaden. Wer sich die Sanddünen anschauen will, braucht eine Genehmigung vom Bureau der Sippe. Auskunft: Info-Centre, (604) 495-7142, Fax (604) 495-6161; die Genehmigung gibt das Osoyoos Indian Band Office, (604) 498-3444.

# SECWEPEMC NATIVE HERITAGE PARK: KAMLOOPS

**B**ei einem Spaziergang durch das indianische Reservat in Kamloops am Ufer des South Thompson Flußes kann man etwas vom "vor Kontakt-Leben" der Shuswap sehen. Das rekonstruierte Shuswap Dorf befindet sich auf den Überresten eines uralten Dorfes, welches 1200 bis 2000 Jahre alt geschätzt wird. Zu besichtigen sind zwei Sommerhütten und ein Winterkekulihaus, sowie ein altes Internat, jetzt als Museum eingerichtet. Informationstafeln am Weg beschreiben das Land, wie die Eingeborenen es nutzten, und ihre Sitten.

An entsprechenden Stellen sind Tafeln plaziert, auf welchen z.B. das Weben von Binsenmatten wird dort erkläert, wo Binsen wachsen. Am Fluß sind Fischfanggeräte und eine Lachsfangstation aufgebaut.

Im Sommer gibt es geführte Touren, wobei auf die Rituale der Männer und die der Frauen, sowie auf die Handhabung der verschiedenen Geräte eingegangen wird. In einem Laden sind Mokassins, Körbe aus Birkenborke, Kiefernadelkörbe, Wildlederartikel, mit Bändern verzierte Hemden, mit Perlen dekorierte Spangen und

**Fischreusen sind am Ufer aufgestapelt. Die Eingeborenen glaubten, wenn sie die Lachswesen respektieren, würden ihre Geister in die Unterwasserlachshäuser zurückkehren, neue Körper annehmen und die Wanderung wiederholen.**

Ohrringe und eine gute Auswahl an Büchern zu haben.

Zeitweise werden Lachsgrillen, Indianische Tänze, Gesang und Geschichtenerzählen angeboten. Auskunft: Secwepemc Native Heritage Park, 345 Yellowhead Highway, Kamloops, BC, V2H 1H1, (604) 828-9777. Eine interes-

sante indianische Kunstgalerie nahbei ist die Four Corners Native Art Gallery, 540 Victoria Street, Kamloops, BC, V2C 2B2, Tel. (604) 851-8876.

## Öffentliche Veranstaltungen : Kamloops und Umgebung

Jährliches traditionelles Skwlax Powwow, Chase...............................Juli
Little Britches Rodeo, Kamloops ...............................................................Juli
Jährliches traditionelles Eingeborenenfest, Kamloops................August
Traditionelle Indianische Sportspiele, Kamloops .........................August

Auskunft:Skwlax Powwow (604) 376-3203, oder Indian Friendship Society, 125 Palm Street, Kamloops, BC V2B 8J7, (604) 376-1296, Fax (604) 376-2275.

# INDIANER-TREFFPUNKTE IN KAMLOOPS

**W**er durch Kamloops fährt bemerkt die stattlichen Ziegelhäuser auf einem Felsvorsprung, den South Thompson überschauend. Früher war das die Indianische Internatsschule von Kamloops. Die dazugehörenden Spielplätze wurden zu Ehren des prominentesten Häuptlings der Sippe, Chief Louis Centre benannt.

1993 errichtete man an dieser Stelle ein großes Holzstadion, Heim des Kamloopa Indian Days Powwow. Die 17 Sippen der Shuswap laden Tausende von indianischen Teilnehmern, sowie die Öffentlichkeit zu diesem alljährlichen Ereignis ein. Während der drei Tage dauernden Festlichkeiten bebt das Stadion von zahllosen Trommelgruppen und Hunderten von Tänzern aus ganz Nordamerika.

Um 13.oo Uhr an jedem Festtag beginnt der große Einmarsch der Tänzer, bis zu 600 an der Zahl in voller Ausrüstung, in Kostümen, ihrer Spezialität entsprechend gruppiert. Die Hund-Tänzer in ihrem kugelförmigen Kopfschmuck und die Kriegs-Tänzer mit ihren schwarz/weissen Gesichtern bilden einen krassen Kontrast zu den Tänzerinnen in ihren zarten Schals und Glöckchen-Kleidern. Jeder Tanz ist mit der Geschichte eines Vereins verbunden.

Außerhalb der Arena stellen indianische Händler ihre Kunsthandwerkswaren

**Der Tanz ist von bedeutender Wichtigkeit im Leben der Eingeborenen. Wenn die Sonne untergeht werden die Trommeln gerührt und das Tanzfest streckt sich weit in die Sommernacht hinein.**

aus. Dieses Powwow findet im August statt. Auskunft: Kamloopa Indian Days Powwow, 345 Yellowhead Highway, Kamloops, BC, V2H 1H1, Tel.(604) 828-9777.

# KUNSTGALERIE, MUSEUM UND ARCHIV: KAMLOOPS

**E**twas durch die Totemschnitzer der pazifischen Küste in den Schatten gestellt, haben die Indianer des Binnenlandes doch eine lebhafte künstlerische Identität. Unlängst fügte die Kamloops Art Gallery ein wichtiges Stück der Shuswapkunst seiner permanenten Kollektion hinzu: die Skulptur "Geist, welcher Lachs bringt" von Shuswap Ed Archie Noisecat. Geschnitzt aus Erle und Ahorn und mit Abalone, Pferdehaar und Kupfer dekoriert, wurde sie 1993 geschaffen. Dieses Werk ist zeitgenössisch, aber seine Form verrät Verbundenheit mit der Ästhetik der Leute von früher. Uralte, anerkannte Shuswap Kunst zeigt sich auch bei verzierten Körben und symbolischen, in Haarkämme geschnitzten Motiven. Es wurden Messergriffe aus Geweih und Tabakpfeifen aus Steatit gefunden. In manchen Grabstätten entdeckte man geschnitzte Klapperschlangen und Abbilder von Menschen.

Zeitweilig fördert die Kunstgalerie Kurse mit eingeborenen Dozenten. Unter anderem gibt es Unterricht in der Herstellung von Kiefernadel - Birkenborke - und Zedernkörben oder traditioneller Kupferperlen-Arbeiten, einer Kunst, welche einzig bei den Indianern des Binnenlandes gefunden werden kann.

Das Museum, welches sich im gleichen Gebäude wie die Kunstgalerie befindet, hat

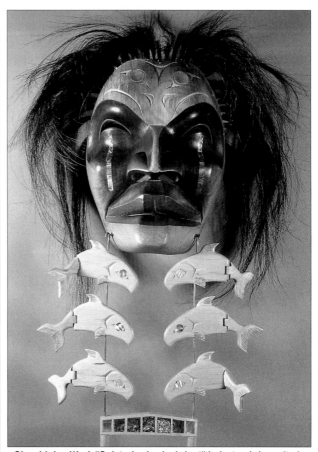

Obwohl das Werk "Geist, der Lachs bringt" heisst, wird es oft als "Noisecat Mask", nach seinem Schöpfer genannt.

eine permanente Kollektion von Kunsthandwerk. Vor dem Kontakt nutzten die Shuswap die Flüße als Handelswege. Steatit, Jade, getrocknete Beeren, gegerbte Tierhaut, Malpuder aus rotem Lehm und Bergziegenwolle wurden zur Küste gebracht. Sie erhielten dafür Dentaliummuschelgeld, Einbaumkanus und Oolichan Fischbutter. Als die Pelzhändler um 1850 ankamen, kannten sich die Eingeborenen auf den Wasserwegen gut aus und verdienten am Warentransport der Weißen.

Die Kunstgalerie hat eine Liste von Shuswap Künstlern, die man engagieren kann. Auskunft: Kamloops Art Gallery, 207 Seymour Street, Kamloops, BC, V2C 2E7, Tel.(604) 828-3543, Fax (604) 828-0662 und auch beim Kamloops Museum and Archives, 207 Seymour St, Kamloops, BC, V2C 2E7, (604) 828-3576.

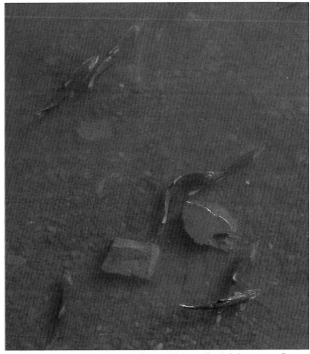

# SOCKEYE RUN: DER ADAMS FLUß

**F**ast 500 km landeinwärts vom pazifischen Ozean, befindet sich ein kleiner, nur 11 km langer Nebenfluß, welcher Laichplatz für Millionen von Lachsen ist. Im Oktober 1989 kamen genau 79 Fische an, aber in 1990 über zwei Millionen. Der "Run" scheint in 4-jährigen Zyklen stark zu sein, obwohl er manchmal 2 Jahre hintereinander groß ist. Wissenschaftler sind sich nicht einig warum - jedoch zeugen Aufzeichnungen, welche bis 1793 zurückreichen davon, daß es immer so war. Hauptruns von über 2 Millionen Sockeye werden 1994 und 1998 erwartet. Der Anblick ist unvergeßlich.

Anders als andere Lachse, verbringen die Sockeye ihr erstes Lebensjahr in einem See. Dann schwimmen sie ins Meer, wo sie ca 2 Jahre bleiben, bevor sie zum Laichen zurückkommen. Der Fraser mit seinen vielen Seen auf seiner ganzen Länge ist ideal für diesen Fisch.

Die Indianer gingen sorgfältig mit den Fischen um, nicht so die Holzfäller oder die Eisenbahnschienenleger. Durch eine Fehlkonstruktion an der Eisenbahn gab es 1913 einen enormen Erdrutsch, der einen Hauptrun blockierte. Dies war katastrophal und kam zusätzlich zu einer Blockade, welche durch einen Baumstammlagerplatz im Wasser schon früher gebaut war. 1945 beschloss die Regierung endlich dem rasanten Verlust Einhalt zu gebieten

**Hauptruns, wie im Adams River, finden alle 4 Jahre statt. Besucher orientierten sich danach, wann die Olympiaden stattfanden, aber nach 1998 wird diese Kalkulation keine Gültigkeit mehr haben.**

und baute eine Zementfischleiter bei Hell's Gate. 1958 zählte man 15 Millionen Fische. Heute fangen die gewerblichen Fischer in einem einzigen Tag über 1 Million der rückkehrenden Lachse. Insgesamt werden zwischen 6 und 11 Millionen gefangen.

Die Biologen bewachen den "Run" genau. Indem sie das Plankton in den Seen kontrollieren und die Forellen, welche Lachseier fressen beobachten, erkennen sie die Bedingungen, welche für die Jungfische bedrohlich sein können. Die ganze Länge des Adams Flußes ist jetzt ein Naturschutzpark. Die Sockeye,

denen es gelingt stromaufwärts an den kommerziellen Fischbooten und den eingeborenen Fischern vorbeizukommen, können dann in Frieden laichen. Der Adams Fluß befindet sich im Roderick HaigBrown Park and Conservation Area zwischen Kamloops und Salmon Arm. Information bekommt man vom Thompson River District, BC Parks, 1210 Magill Road, Kamloops, BC, V2C 6N6, (604) 828-4494.

# QUAAOUT LODGE: CHASE

**Die Quaaout Lodge, im Stil eines traditionellen Kekulihauses gebaut, bietet großzügige Gästezimmer und die Küche ist vorzüglich.**

Eine alte Okanagan und Shuswap Geschichte erzählt von der ersten Begegnung der Eingeborenen und der Weißen in dieser Gegend. Sie ist ein Beweis für die Gastlichkeit in der indianischen Tradition. Es folgt ein Ausschnitt aus der Geschichte: Pelakamulahuh war viel unterwegs. Während einer Büffeljagd im Gebiet des heutigen Montana sah er seine allerersten weißen Männer. Er fand sie schön, keine Menschen, sondern Geister, die gekommen waren, seinen Leuten Gutes zu tun. Er begleitete 2 von ihnen zu seinem Heim im Gebirge. Als er wieder fortgehen mußte, gab

es eine Zeremonie und er bat seinen Häuptling, sich um die Gäste zu kümmern. Pelakamulahuh hielt bei dieser Gelegenheit eine berühmte Rede: "Von meinem Wasser trinke ich, ihr trinkt. Von meinen Früchten esse ich, ihr esset. Von meinem Wildbret esse ich, ihr esset. Ich habe genug von allem genug für uns alle."

Echte Gastfreundschaft, die aus diesen Worten spricht, gibt es noch heute und man spürt sie in der Quaaout Lodge. Nach zehn Jahren Planung seitens der Little Shuswap Skwlax Sippe wurde dieser Urlaubskomplex, dessen Bau 4,3 Millionen gekostet hat, fertig gestellt. Der Gasthof liegt auf einer großen Strandfront, dem eigenen

Land.

Dieser Komplex zeigt etliche indianische Einflüße in seinem Entwurf. Das runde Foyer erinnert an ein traditionelles Kekuli Pithouse, dessen Decke von einem Dutzend 12 m langer Kiefernsparren gestützt wird. Auf dem schwarzen Schieferboden findet man eine große Reproduktion einer Piktografie von Copper Island. An kühlen Abenden brennt ein Feuer in dem mit gehämmertem Kupfer verkleideten Kamin. Jedes der 71 Zimmer überblickt den See, außerdem gibt es dort 6 besonders geräumige Zimmer, jedes mit eigenem Jacuzzi und Kamin. Alle Zimmer sind geschmackvoll, mit Polstermöbeln und

Vorhängen in indianischen Mustern, eingerichtet. Allgemein zur Verfügung stehen Schwimmbad, Sauna, Jacuzzi, Sportfeld und 2 Konferenzräume. Die Bedienung ist freundlich und aufmerksam. Das Restaurant und die Terrasse bieten 150 Personen Platz. Spezielle Grillparties können für 5 oder mehr Personen bestellt werden.

Die Quaaout Lodge liegt auf einem großen Anwesen am Strand, und es gibt verschiedene interessante Dinge in der Nähe. Eins davon gefällt den Jugendlichen besonders: vor dem Anwesen stehen 5 Tipis, die man für eine geringe Gebühr mieten kann. Unweit ist der Roderick HaigBrown Park, wo alle 4 Jahre Riesenschwärme von Millionen Sockeye Lachsen vorbeiziehen. Pithouse Nachbildungen sind in nahe gelegenen Parks zu finden. Wanderwege gibt es kilometerweise und Gäste werden gebeten, nicht ohne eine Bärenglocke, die man an der Rezeption ausleihen kann, in den Wald zu gehen. Segelboote oder Kanus sind zu haben, wenn man nach Copper Island zu den berühmten Piktographien und den vielen Rehen fahren möchte.

Man erreicht diesen Urlaubskomplex via die Trans-Canada Highway 1. 7 km östlich von Chase biegt man an der Squilax Brücke ab. Auskunft: Quaaout Lodge, Box 1215 Chase, BC, V0E 1M0, Tel (604) 679-3090, Nulltarif 1-800-663-4303, Fax (604) 679-3039. Das öffentliche Powwow der Skwlax findet im Juli in Chase statt. Tel.(604) 679-3090.

Neben dem Komplex stehen Tipis, die man ohne Zubehör wie z.B. Bettzeug mieten kann.

## Ihrer Gastlichkeit wegen Berühmt

**Julie John, seit zwei Jahren** eine Mitarbeiterin in der Quaaout Lodge, freut sich an ihrer Arbeit. Sie sagt: "Es ist selbstverständlich, daß meine Leute diesen Komplex gebaut haben, denn sie waren schon immer ihrer Gastfreundschaft wegen bekannt." Da ihr wenig Zeit nach der Arbeit bleibt, hat sie keine Gelegenheit mehr an Powwows teilzunehmen.

"Das beste daran ist, daß ich mich so gerne mit den verschiedenen Gästen aus der ganzen Welt unterhalte. Ich mag sie alle."

**93**

# Traditionelle Kochkunst der Eingeborenen im Modernen Stil

Von Zeit zu Zeit offeriert Isadora's Restaurant auf Granville Island ein Indianisches Menu.

**D**ank der vielen Lebensmittelquellen die ihnen zugänglich sind, haben die Eingeborenen an der Küste und auch im Binnenland eine eigene Cuisine entwickelt. Doch es ist erst seit Kurzem, daß ihre Nahrungsmittel und ihre Kochkunst die Aufmerksamkeit der kulinarischen Welt auf sich lenken.

1992 war Andrew George, ein Coast Salish aus North Vancouver, Mitglied eines indianischen Teams, das zur Welt-Kochkunst Messe nach Frankfurt kam. Sie gewannen zwei Goldmedaillen. "Mein größtes Problem ist es nicht, traditionelle Lebensmittel modernem Geschmack anzupassen," meint Herr George, "sondern die Finanzierung eines Spezialitätenrestaurants für Gerichte der Eingeborenen." Zur Zeit ist er dabei, ein Restaurant in Smithers, B.C., zu eröffnen.

Zwei, in Händen der Eingeborenen sich befindliche Urlaubskomplexe und ein Restaurant, bieten die Möglichkeit, formelle B.C. Kochkunst zu probieren. Die TsaKwaLutin Lodge auf Vancouver Island ist eins. Das andere die Quaaout Lodge in Chase, welche ein originelles, von Häuptlingen, Älteren und Indianerinnen der Shuswap Sippe geplantes Menu anbieten. Es war Absicht, genügend Wild zu servieren, damit es sich für andere Sippenmitglieder rentiert, Rehgehege und Wasservogelfarmen einzurichten.

Ab und zu gibt es im Isadora's Restaurant auf Granville Island ein von Eingeborenen inspiriertes Menu.

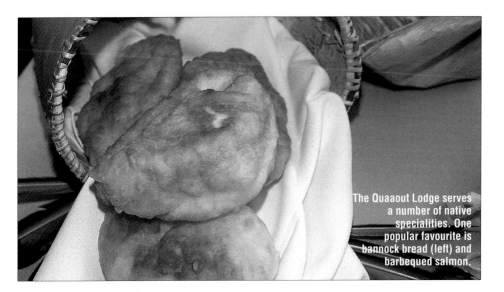

The Quaaout Lodge serves a number of native specialities. One popular favourite is bannock bread (left) and barbequed salmon.

## Dem Heute angepasste Indianerspeisen

Heringeier auf Kelp
Gegrillte Austern
Geräucherter Lachs
Lachs auf Bannock
"Candy Dried" Lachs
Geräucherter Alaskadorsch
Gedämpfte Venusmuscheln
Gedämpfte Riesengarnelen
Venusmuschelkrapfen
Gegrillter Heilbutt
Krabben in der Schale
Himbeerkaltschale
Rehbraten
Getrockneter Tang
Rehgulasch mit Blaubeeren
BannockBrötchen
Mariniertes Karibu
Tang auf Reis
Gegrillter Hase
Gedämpfte Rotalge
Gegrillte Ente
Wilder Reis
Elchgulasch
Salmonbeeren Küchlein
HooshumPreiselbeergetränk
Lachs
Gebratene Oolichans

## Ein Möbeltischler und Schnitzer

"**Wir sind darauf aus**, viele verschiedenartige Möbel zu machen," sagt **Wayne Eustache**, "von Konferenztischen bis zu Bettgestellen". Zur Zeit schnitzt er einen 18 m hohen Totem Pole. Eustache und sein Team machen auch Masken, Schalen und traditionelle Anrichteplatten. Gelb- oder Rotzeder sind seine Lieblings-materialien. Herr Eustache stammt von Interior Salish Eltern, kam in Kamloops zur Welt und zog später nach Vancouver. "Wenn ich mich ins Schnitzen vertiefe habe ich niemals Sorgen," meint er. Er sagt, daß sein Stil eine Verschmelzung von Küsten- und

Binnenlandeinflüssen ist.

Auskunft über Eustache Möbel und Schnitzereien bekommt man: Tradeworks, 210, 830 East 7th Ave., Vancouver, (604) 873-3775.

# EINE REISE INS LAND DER BERGGÖTTER: BELLA COOLA

Das indianische Schulhaus in Bella Coola ist mit einem Siskiutl Wandgemälde dekoriert. Es stellt ein doppelköpfiges Ungeheuer mit blauem Gesicht dar, welches Seeleuten wohlgesonnen war.

**V**on Williams Lake zum Meer bei Bella Coola bietet Highway 20, manchmal Straße der Großen Freiheit genannt, auf ihrer ganzen Länge mehrere interessante Punkte für moderne Abenteurer. Es gibt auf der 456 km langen Strecke kein einziges Halteschild, aber für einen Halt sorgt die Tatsache, daß bei Nimpo Lake der Asphalt aufhört. Danach gibt es einen gut erhaltenen Kiesweg. Die Straße führt durch ländliche Gegenden, an Ranches und Eingeborenengemeinden vorbei zum Tweedmuir Park. Dort kommt man zu dem gefährlichen Heckman Pass (siehe Kästchen). Unten angekommen findet man Ha-

gensborg, von Norwegern beeinflußt, in der Nähe des von Eingeborenen bewohnten Bella Coola.

Wenn man westwärts fährt, gibt es etliche interessante Stellen:
• In Williams Lake, 99 South Third Avenue ist das Hearth Restaurant, wo die Cariboo Friendship Society Sie begrüßt. Tel. (604) 398-6831, Fax (604) 398-6115. Einige Interior Salish Kunstgegenstände gibt es im Williams Lake Museum, 1148 Broadway, Tel. (604) 392-7404.
• Der Farwell Canyon und das Weidegebiet der Bergschafe liegen nebeneinander. Am Fluß zelten Fischerfamilien der Chilcotin-sippe. Diese Gegend ist auch die Heimat

für ein Füenftel der auf der Welt existierenden Kalifornia- Großhornschafe.Eine Tafel erinnert an den 1884er Chilcotin Krieg. In dem Glauben, daß man ihnen absichtlich mit Pocken infizierte Decken gegeben hatte, überfiel ein Trupp der Chilcotin ein Geodäten-Zeltlager. Für sie war dies ein gerechter Krieg, die Eroberung zu beenden. Die Weißen sahen es als Mord. Die Krieger flohen unter der Führung ihres Kriegschefs Klatassine nach Hause. Bald wurden sie von zwei berittenen Suchtrupps verfolgt. Die Tafel befindet sich 5 km westlich des Nimpo Sees, an der Highway 20.
Das Regenbogengebiet liegt an der östlichen Einfahrt

zum Tweedsmuir Park. Es ist vulkanischen Ursprungs und eine Hauptquelle des Obsidians, aus welchem scharfe Messerklingen gemacht werden. Auskunft: B.C. Parks, Cariboo District, 300, 640 Borland St, Williams Lake, BC, V2K 1K8, Tel (604) 398-4414, Fax 398-4686.

• Stui im Atnarko Flußtal war einst ein Ort der eingeborenen Händler. Lange vor dem Kontakt mit Weißen trafen sie sich hier, um ihre Waren zusammenzutragen und sie zu verstauen. Hier liegen eine Grabstätte, Petroglyphen und eine noch nicht ausgegrabene Räucherhütte. Der Ort ist nicht beschildert.

Auskunft bekommt man persönlich im Hauptquartier des Tweedsmuir Parks.

• Es waren die Nuxalk-Carrier Indianer, die den ersten Weg, dem später die Expedition von Sir Alexander MacKenzie folgte, gebahnt haben. MacKenzie durchquerte den Kontinent als Erster 1793, mehr als 12 Jahre vor der berühmten Lewis und Clark Expedition.

• Die Bella Coola Sippe gestattet Besuchern, wenn begleitet, die Petroglyphen zu besichtigen. In der Acswalsta Schule gibt es sehr gute Beispiele der Kunst der Westküstenindianer.

Für Auskunft über High-

way 20 wendet man sich an das Travel InfoCentre, 1148 Broadway South, Highway 97 South, Williams Lake, BC, V2G lA2, Tel. (604) 392-5025, Fax (604) 392-4214. Andere Reiseinformationen: Bella Coola Seasonal InfoCentre, Box 670, Bella Coola, BC, V0T 1C0, (604) 799-5919. Das Haupt Anaham Powwow findet im Mai in Anaham statt. (604) 394-4293.

## Eine schwierige Straße: Der Heckman Paß

**Auf der Westseite des** Tweedsmuir Parks kommt man zu diesem Paß, auch "Der Hügel" genannt. Die Provinzbehörden fanden ihn ungeeignet für eine normale Straße. So bauten die Eingeborenen 1953 eine eigene, indem sie sich eine Planierraupe besorgten. Das Resultat ist eine 25 km lange Schotterstrasse mit einer 18% Steigung und einem beachtlichen Abhang, der von 1524 Metern Höhe zum Meeresspiegel abfällt. Die Straße mag atemberaubende Panoramas bieten, ist aber für schwere Wohnwagen unpaßierbar. Prüfen Sie alle Bremsen, bevor Sie losfahren. Es gibt zwei Stellen auf dem "Hügel," wo man ausruhen kann. Das ist auch eine Gelegenheit die Bremsen zu kühlen. Nutzen Sie sie!

Auskunft über Straßenverhältnisse gibt das B.C. Cariboo Highways Department, Tel.(604) 398-4510, Fax (604) 398-4454.

**97**

# TRADITIONELLER FISCHFANG DER INDIANER: FARWELL CANYON

1993 drehte Walt Disney Produktion eine Szene in dieser entlegenen Gegend: eine Hubschrauberverfolgung der "Bösen" durch F.B.I. Agenten, unglaubwürdig in dieser Gegend.

**B**evor die weißen Siedler kamen, lebten die Chilcotin in kleinen Gruppen auf einem landschaftlich schönen Plateau. Sie fischten, und wenn die Saison dafür vorbei war wurden Beeren und wilde Kartoffeln gesammelt. Da sie Fachleute für die Verarbeitung von Tierbälgen waren, jagten sie und stellten Fallen. Die Chilcotin, welche heute hier leben, tun ungefähr dasselbe.

Während der Monate Juli und August fangen die Eigeborenen Lachse von den Ufern des Chilcotin Flußes, der sich durch Sandstein-Klippen schlängelt. Von den Felsen aus fangen die jungen Männer den zurückkehrenden Lachs in langstieligen Tauchnetzen. Danach wird der Fang in ein nahegelegenes Lager gebracht, wo Gerüste zum Trocknen bereitstehen. Ein langsam

brennendes Feuer unterstützt diesen Prozess. Die Familien kampieren am Ufer und bereiten Fisch auch für andere Familien zu. In der Nähe gibt es Piktographien, welche davon zeugen, daß dieser Ort schon lange von großer Wichtigkeit für das Fischen war.

Handel war die Hauptbeschäftigung aller Sippen in diesem Gebiet. Die Chilcotin, welche hier leben, die Bella Coola vom hohen Gebirge der Küste und die Shuswap vom Cariboogebiet handelten miteinander. Letztere drangen bis in die Prärien vor, wo sie mit den Leuten Geschäfte machten.

An der Küste gab es einen kleinen Fisch, den Oolichan, der ein wichtiges Handelsgut war. Ein getrockneter Oolichan ist so fettig, daß er wie eine Kerze brennt. Die Oolichanschwärme kommen

alle 2 bis 4 Jahre zurück und werden dann millionenweise gefangen. Die Oolichan wurden in Gruben gepackt und mit Steinen beschwert um das Öl auszupressen. Dieses schmackhafte Fett wurde dann ausgelöffelt und in Holzkästen aufbewahrt, in denen es sich bis zu 2 Jahre hielt. Man tauchte getrocknete Beeren oder Lachsstücke hinein, wie in eine Sauce.

Gewöhnlich ist der Fischplatz der Chilcotin im Juli und August besetzt, man sollte sich telefonisch erkundigen, ob der Lachs angekommen ist. Stören Sie die Angler nicht, und kommen Sie den Trockengestellen nicht zu nahe. Die Fischer kann man von der Brücke aus beobachten. Falls Sie zum Zeltplatz hinuntergehen wollen, bringen Sie bitte als Geschenk Lebensmittel, losen Tabak oder Naschwerk mit. Bitten Sie um Erlaubnis, wenn

Harriet Tenale, eine Tootie Chilcotin, hilft beim Lachstrocknen für mehrere Familien. "In einer Nacht stahlen Bären ca 40 Pfund fertigen Lachs," sagte sie, "sie machen uns viel extra Arbeit".

**Native Wilderness Adventures,** RR 3, Box 10, Sugar Cane, Williams Lake, BC, V2G 1M3; 5 Tage in einem Eingeborenencamp. Man wohnt in Tipis, es gibt ein Schwitzhaus, traditionelles Essen und indianisches Kunsthandwerk.

Eine Liste von indianischen Großwildjagdführern, Führer für Bergwanderungen, sowie Listen der Gästeranches und Ritte erhält man bei: Cariboo Tourist Association, 190 Yorkston St., Box 4900, Williams Lake, BC V2G 2V8. Tel. (604) 392-2226, Nulltarif:1-800-663-5885.

Sie fotografieren wollen. Dies ist ihr Privatgebiet und sie sollten dort nicht belästigt werden.

Um von der Highway 20 zu den Fischcamps zu kommen, fahren Sie ca 49 km westwärts von Williams Lake, dann südlich bei der Farwell Canyon Abzweigung und weitere 20 km zur Brücke. Manch-mal angeln die jungen Leute unter der Brücke. Piktografien kann man finden, wenn man über die Brücke und einen Fußpfad hinaufgeht. Zu den Trockenanlagen gelangen Sie, indem Sie die Brücke überqueren und einen Pfad hinunter zum Ufer gehen. Achtung! Es gibt dort Bären.

Auskunft: Travel InfoCen-tre, 1148 Broadway South, Highway 97 South, Williams Lake BC V2G 1A2, Tel.(604) 392-5025, Fax 392-4214.

## Petroglyphen: Bella Coola

**Unter den Bella Coola gibt es** eine Geschichte, daß vor langer, langer Zeit Polynesier sie besuchen kamen. Sie schmausten lange zusammen und freuten sich über den großen Erfolg, den Ozean überquert zu haben. Um diese Tat zu verewigen, ritzten sie die Gestalten, welche heute zu sehen sind. Anthropologen können das nicht bestätigen, doch sie geben zu, daß dies eine außergewöhnliche antike Stelle ist. Hunderte von Petroglyphen sind von der Felswand abgefallen und liegen zwischen Baumwurzeln im Wald herum. Die Gesichter sind polynesisch, aber andere scheinen moderner Herkunft zu sein. Im Schatten der Vergangenheit ist die Bedeutung der Petroglyphen untergegangen.

Es ist möglich, in Begleitung eines indianischen Führers, der dafür eine Gebühr verlangt, diese Stätte zu besuchen. Man darf aber nichts anfassen, das Mitnehmen von Irgendetwas ist strafbar. Kleine Reproduktionen von Petroglyphen sind im Portfolio West, 1092 Hamilton St, Vancouver BC, V6B 2R9 erhältlich. Tel. (604) 685-6554.

Informationen über Führungen bekommt man im Bella Coola Band Office (604) 799-5613. Fragen Sie nach Darren Edgar, dem Bella Coola "goodwill ambassador".

Sonnenstrahlen galten als Verbindungswege zur Erde für geistige Wesen. Auf der sogenannten Himmelsreise fanden Besucher aus anderen Sphären ihren Weg zur Erde an Bord dieser Stränge aus durchdringendem Licht.

# NUXÄLK-CARRIER GREASE TRAIL: QUESNEL BIS BELLA COOLA

**D**er NuxalkCarrier Weg, auch Alexander MacKenzie Weg genannt, ist ein Fußweg, ca 250 km lang, von der Mündung des Blackwater bis zum Deankanal. Diese Route folgt den Grease Trails der Eingeborenen, welche 1793 Alexander MacKenzie als erster Weißer auf seiner erfolgreichen Durchquerung des Kontinentes, nutzte. Der Forscher und seine Mannschaft brauchten 14 Tage um das Plateau zu überqueren bis sie nach Bella Coola, einer Siedlung der Eingeborenen kamen.

Obwohl Alexander MacKenzie und seine 25 Männer einen Grossteil der Strecke auf Flüssen in einem 8 Meter langen Kanu bewältigten, wurde das Plateau zu Fuß passiert. Die Nuxalk und die Sekani-Carrier waren skeptisch. Manche waren freundlich, einige rührten ihre Trommeln zur Drohung, wieder andere flohen zu ihren Häusern.

Von Interesse ist die Tatsache, daß MacKenzie's Tagebuch verzeichnet, man hätte "alle paar Stunden" Eingeborene getroffen. Es ist eine Tragödie, daß eingeführte Krankheiten die Sippen so dezimierten, daß Reisende entlang derselben Route 1930 tagelang marschierten, ohne jemanden zu treffen. Seit dieser Zeit ist die Bevölkerungszahl der Indianer wieder gestiegen und hat 1970 historische Ziffern überstiegen.

**Die Indianer gebrauchten Hund zum Transport und Jagen.**

Obwohl MacKenzie der erste Weiße in dieser Gegend war, bemerkte er, daß Eisengeräte und fremdartiges Werkzeug vorhanden waren.

Die Alexander MacKenzie Trail Association schlägt heute vor, dass erfahrene Wanderer 14 Tage für diese Route rechnen; andere sollten 24 Tage planen. Man sollte daran denken, sich mit genügend Lebensmitteln zu versorgen. Es ist keine einfache Route, die den Aufzeichnungen MacKenzies folgt. Während die ganze Strecke nur von sehr erfahrenen Wanderern mit Rucksäcken unternommen werden sollte, gibt es kürzere Wege, der Highway 20 entlang. Es werden auch geführte Touren auf Pferden, per Motorschlitten, Skilanglauf oder Flugzeug angeboten. Auskunft: Die Alexander MacKenzie Association, die auch für die Anschaffung von Lebensmitteln sorgt, Box 425, Station A, Kelowna, BC, V1Y 7P1. Tel. (604) 249-5265, Nulltarif 1-800-663-5885; Fax (604) 992-9606. Eine Wanderkarte mit Beschreibungen ist für zwanzig CanDollar erhältlich.

# KAUFEN SIE SICH IHR EIGENES TIPI: CRESTON

**W**ilfred Jacobs von der Sippe Ktunaxa und seine Familie stellen Tipis schon seit 1991 kommerziell her. "Vorher mußte unsere Sippe sie von Weißen mieten," sagt er. Jetzt reicht seine Kundschaft von Filmmannschaften über Eingeborene bis zu Aufträgen aus Deutschland. "Wir liefern sogar ganze Tipi-Dörfer."

Echte Tipis sind keine symmetrischen Kegel, sondern hinten steiler. "Die Technologie ist komplizierter als die Leute denken, außerdem sollten sie auch wissen, wo man es aufschlagen soll", sagt Herr Jacobs. In der Vergangenheit gab es viele Büffelfell-Tipis auf den Ebenen. Hier wurden sie mit Toolie - eine Art von langem Schilfrohr - bedeckt. Heutzutage ist Segeltuch beliebt. Ein gut gemachtes Tipi ist hell, gut belüftet und kühl im Sommer. Wenn richtig aufgestellt, widersteht es starkem Wind und Regen.

Die Jacobs Familie kombiniert die technische Fähigkeit moderner Zeltherstellung mit Jahrhunderte altem "knowhow" der Ktunxa und kann Ihnen ein Tipi machen "während Sie warten". Nach ca. drei Stunden ist das Tipi fertig, es muß nur noch aufgebaut werden. Die gängigen Modelle haben einen Durchmesser von 3 bis 7 m, und kosten zwischen 300 und 1000 Dollar. Neue Tipis sind unbemalt und jeder kann seiner Phantasie freien Lauf lassen.

Die Jacobs Familie freut sich über Besuche in ihrem 23 Meter großen Tipi am Rande

Ktunax Tipis gibt es auf Bestellung in allen Größen, sie sind in ca. drei Stunden fertig. Hier ist ein kleineres Modell gezeigt.

der Straße, in dem sich die Werkstatt befindet. Im Sommer stellen sie auch Kanus her, die mit Borke verkleidet sind. Auskunft: Ktunax Tipi Company, Box 5, Site 7, RR1, Creston BC, V0B 1G0, Tel. (604) 428-4582.

## Wie man sein eigenes Tipi bemalt

- Kopieren Sie Tipi Muster nicht von Fotos. Keine zwei Tipis werden gleich bemalt. Finden Sie ein Muster, das Ihnen etwas bedeutet. Idealerweise sollte es im Traum oder einer Vision entstehen.
- Muster am Fuße des Tipis repräsentieren Irdisches, Türebene ist menschliches Leben; der obere Teil ist Himmel und die geistige

Welt. Die eine oder andere Ebene kann dominieren.
- Die Muster sollen hauptsächlich dem Inhaber etwas bedeuten. Kreise können Einigkeit bedeuten, Zickzacke Sturm, Tiere stehen für ihre Wesenszüge.
- Farben sind auch symbolisch, haben aber bei allen Völkern unterschiedliche Bedeutung. Blaue, rote und gelbe Streifen zusammen können auf sakrale

Gegenstände im Innern hinweisen; schwarz kann Nacht, blau den Norden bedeuten. Die aufgehende Sonne kann rot, die untergehende gelb dargestellt werden.
- Innen sollten Tipis nicht bemalt werden, obwohl eine Innenverkleidung dekorative Streifen oder Szenen haben kann.
- Man nimmt gewöhnliche Anstrichfarbe.

# Lussier, eine noch unerschlossene warme Quelle: Gegend von Kimberley

Dieser Kontrast zwischen dem kalten Fluß und der warmen Quelle ist einen Besuch wert.

**D**ie Eingeborenen vertrauten der Wirkung von Heilquellen. An verschiedenen Stellen erklärten sie deren Umkreis für heilig, und wie heutzutage in einer demilitarisierten Zone, konnten kriegführende Feinde sie ohne Gefahr betreten. Es kam vor, daß nach einer Schlacht die Gegner zusammen in den Wassern saßen, um ihren Wunden Linderung zu verschaffen.

Man meinte, daß flüsternde Geister die Quellen bewohnten, aber was sie flüsterten war unverständlich. Wenn jemand von den Eingeborenen eine Quelle entdeckte, wurde er oder sie hoch in Ehren gehalten und die Sippe betrachtete sie als von den Geistern Auserwählte.

In den Kootenays gibt es mehrere solche Orte. Fairmont Hot Springs und Radium Hot Springs sind jetzt richtige Bäder geworden, mit Hotels, Schwimmbädern und Golfplätzen. Ein bescheideneres Bad dagegen ist Ainsworth Hot Springs. Lusseur ist eine heiße Quelle im Urzustand. Um den Strom zu erwärmen, kann man heißes Wasser zuführen, indem man einen Stein verlegt. Umgekehrt bringt man mehr kaltes Wasser herein. Im Winter ist dies ein beliebter Tummelplatz für Reptilien, im Sommer gibt es dieses Problem nicht.

Lusseur liegt in der Nähe von Kimberly, Skookumchuck und Wasa. Man fährt etwa 17 km in Richtung Whiteswan Provinicial Park und "Top of the World" Provincial Park auf einer schmalen Kiesstraße. Wenn man eine kleine Umkleidekabine an der Straße sieht, ist man da. Zum Fluß hinunter sind es viele Stufen. Auskunft: Kimberly Travel InfoCentre, 350 Ross Street, Kimberly, BC V1A 2Z9, Tel. (604) 427-3666, Fax (604) 427-5378.

# INDIANISCHE KUNSTGALERIE: PRINCE GEORGE

Eingeborene beherrschen die Kunst des Borken-
beißens und der Herstellung von
Dentaliaschmuck. Dazu verwenden sie die Rinde
der weissen Birke.

**D**ie Eingeborenen des fernen Vancouver Island verdienten gut am Sammeln der seltenen Dentaliamuscheln, die Zahlungsmittel für Eingeborene in ganz Nordamerika waren. Mädchen vieler Sippen,die Dentaliaketten trugen, konnten eine gute Heiratspartie erwarten. Unter den Yuquot in Kalifornien konnte man für eine Kette einen Sklaven kaufen, für drei Ketten ein Haus, die Buße für Mord betrug fünfzehn Ketten. Weiße Händler entdeckten bald den Wert dieser Muscheln und beauftragten eine englische Firma Fälschungen aus Porzellan zu machen. Ein Lademanifest auf einem Schiff 1801 verzeichnete 40'000 Den-

talia an Bord. Die Indianer ließen sich aber nicht täuschen.

Der Inhaber einer Taucherfirma in Vancouver, Phil Nuytten, forscht nach diesen Muscheln. "Je weiter weg man von ihrem Fundort kommt, desto wilder werden die Geschichten," sagt er. Man erzählt sich im Carrierland, daß ein menschlicher Leichnam im Wasser verankert wurde, um die Dentaliumtierchen anzuziehen. Aber, das sagt er, sei nicht wahr. Er fand auf Vancouver Island eine Art Mop auf einer langen Stange mit der man diese Tiefseemuscheln, etwa 20 pro Tag, einsammeln konnte.

Die Kunst des Beißens von Birkenrinde ist ein Thema der Exponate dieser Galerie. Es

wurde einst von Frauen des Waldlandes hier und in den Prärien praktiziert. Angelique Levac und andere Indianerinnen in Saskatchewan haben es wieder aufgegriffen. Man faltete die Rinde und machte Muster durch sorgfältige Bisse. Keines ähnelt dem anderen.

Auskunft: Prince George Native Art Gallery, 144 George St, Prince George, BC, V2L 1P9, (604) 562-7385; oder Angelique Levac, RR 2, Site 1 Comp 144, Prince George, BC, V2N 2H9, (604) 962-5463. The LheitLit 'En Nation Heritage Society Annual Pow Wow, welches im August stattfindet, (604) 963-8451.

# TRADITIONELLER FISCHFANG: KYAHWIGET

**Wo der Fluß sich durch eine Enge zwängt und in den Canyon stürzt, stehen die jungen Indianer auf den Felsen und fangen die Lachse mit Hakenspeeren - Vorrat für den Winter.**
KLEINES BILD: Zur Schau herausgeputzt steht ein Fischer mit Hakenspeer, wie er vor 100 Jahren ausgesehen hätte.

**V**on dem strategischen Platz auf einer Felsklippe an der Canyonwand fangen die Carrier Wet'suwet'en die Lachse mit langen Speerhaken.

An dieser Stelle zwängt sich der zunächst 700 m breite Fluß durch eine 15 m Enge. Das Wasser quirlt und schäumt, bevor es in die Tiefe stürzend manchmal die Lachse in die Luft schleudert. Dort, Speer in

Hand, warten die Indianer auf sie. Sie nennen diesen Ort Kyah Wiget "altes Dorf". Nahbei preparieren die Frauen die Fische und hängen sie auf Gerüsten zum Tockuen auf.

Touristen können die Indianer bei ihrer Tätigkeit besuchen, aber stören sollen sie sie nicht. Fotografieren sie bitte nur mit Erlaubnis, auch Kinder. Wer länger verweilen will tut gut daran, ihnen Geschenke wie Lebensmittel oder losen Tabak mitzubrin-

gen. Bedenken Sie, daß dies Privatgebiet der Indianer ist, und sie dort ihre Rechte haben.

Kyah Wiget, besser bekannt als Moricetown Canyon, liegt bei der Highway 16, 37 km westlich von Smithers. Auskunft: Smithers InfoCentre, Box 2379, 1425 Main St, Smithers BC, V0J 2N0, Tel.(604) 847-9854, Fax (604) 847-3337.

## Tagestour zu einem Lachscamp der Eingeborenen : Prince George

**Zwischen Juli und September** kann man mit einem JetBoot auf dem Fraser fahren. Wenn man beim LheitLiten Nations Elders' Salmon Fishing Camp ankommt, zeigen eingeborene Führer die traditionellen Methoden des Fangens und der Zubereitung der Lachse. (Das Foto stellt dar, wie man früher den Fisch vor dem Trocknen aufzuschlitzte). Ein

traditionelles Essen, mit vielen Geschichten belebt, folgt. Man benötigt ca. vier Stunden. Abfahrt ist zwei mal täglich. Auskunft: LheitLiten Nations Elder's Salmon Camp Tour, Fort George Canyon, RR 1, Site 27, Comp 60, Prince George, BC, V2N 2H8, Tel. (604) 963-8451, Fax (604) 963-8324.

# ÜBERBLICK: DIE LEUTE AUS DEN BERGEN

Sturmwolken über den westlichen Bergen. Büffelherden und Pelzhandel waren für die Stämme aus dem Westen ein Anreiz, die Barriere zu überqueren. Doch hartes Klima, Krankheiten und die Blackfoot Konföderation vertrieben sie wieder.

**I**n früheren Zeiten lebten nur sehr wenige Menschen in der Gegend, die als Rocky Mountains oder die "Rockies" bekannt ist.Sowohl westlich wie auch östlich davon gab es reichlich Nahrung. Büffel weideten östlich in den Prärien; im Westen waren das Jagen und das Fischen gut. Jedoch scheint es, daß die Berge viel besucht wurden. Pfeilspitzen, Feuersteinschärfer und Tierknochen sind Beweise, daß vorgeschichtliche Jäger seit Tausenden von Jahren hierher kamen. Allein 1969 identifizierte ein archäologisches Team 122 Stellen im National Park, wo Tiere geschlachtet wurden.

Nach 1600, sobald die weißen Pelzhändler und Missionare in das Leben der Eingeborenen einzugreifen begannen, und das Pferd in die Kultur der Ebene eintrat, tat sich viel in den Bergen.

Lange bevor die ersten Weißen kamen, gab es einen Zustrom von Eingeborenen, die sich hier niederlassen wollten, sich aber dann wegen der harten Lebensbedingungen zurückzogen. Andere kamen und ver-

## Geistige Leute

**Die Binnenlandleute ehrten** Tiere auf eine andere Weise als die Leute an der Küste oder jene von den Prärien.

Die Sippenmitglieder der Küste betrachteten sich als Verwandte von Tieren und geistige Wesen durch Geburt. In den Präerien waren Büeffel und Weisser Büeffel wichtige Geister, welche von Medizinmaennern angerufen werden konnten. Die Menschen des Binnenlandes sahen Tiere als Wesen die mit ihren Leben verknüepft waren.

| | | |
|---|---|---|
| Steppenwolf | Gauner | Jugend |
| Bär | fürsorgliche Eltern | Elternschaft |
| Eule | weise Person | Reife |
| Adler | geistiges Wesen | Zeitlosigkeit |

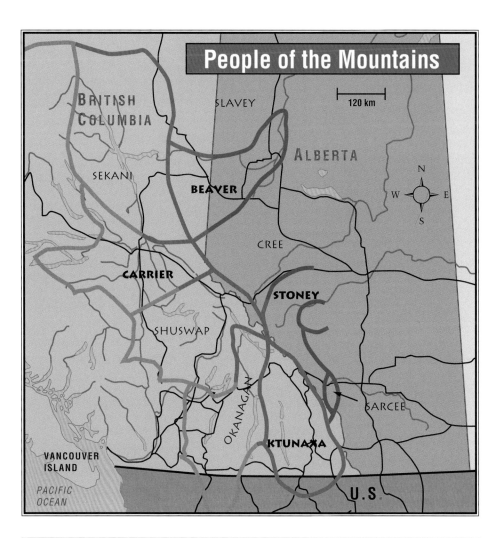

## People of the Mountains

BRITISH COLUMBIA

SLAVEY

120 km

ALBERTA

SEKANI

BEAVER

CREE

CARRIER

STONEY

SHUSWAP

OKANAGAN

SARCEE

KTUNAXA

VANCOUVER ISLAND

PACIFIC OCEAN

U.S.

N W E S

## Eine moderne Frau des Stoney Stammes

**Flora Mark ist Geschäfts-**führerin des Chiniki Handicraft Centre in Morley. Selbst eine Stoney, hat sie zwei Söhne, die halb Cree sind. Obwohl es hier nicht so aufregend ist wie in Banff, das voller Touristen ist, zieht sie vor ihre Jungen im Reservat aufzuziehen. Frau Mark füllt ihren Laden mit sorgfältig gewählten, interessanten, vor Ort erzeugten Waren - alle von Eingeborenen Westkanadas hergestellt. "Wir vergrößern laufend die Auswahl an Kunstgegenständen, Schmuck und Kleidung" sagt sie. Ihre Lieblingsfirma für Kleidung ist Sunfeather. Auskunft: Chiniki Restaurant and Handicraft Centre, Morley, AB, T0L 1N0, (403) 881-3960.

Die Beaver sind Dene-Leute, aus der Nähe des oberen Peace River, weit im Norden. Da sie selbst ausgezeichnete Jäger und Trapper waren, galten sie auch als zuverlässige Jagdführer. Manche verließen ihre Wald- und Flußheimat, um ihr Glück in den Rockies zu versuchen. Dort verdrängten sie, zusammen mit den Cree, das Sekani Volk. Die Beaver nutzten den Erwerb von Gewehren und kooperierten zur Zeit des Pelzhandels mit den Weißen. So wie viele andere Stämme, mußten auch sie unter eingeführten Krankheiten leiden. Bis 1900 waren nur noch 46 Personen der Beaver übrig, die den Rocky Mountain Vertrag Nr. Acht unterzeichneten. Für ihre Ausgeglichenheit stets von den Weißen gepriesen, erkrankten die, welche noch lebten, 1913 an Tuberkulose. Manche Familien wurden bis nach Hope, BC, verstreut; wenige kehrten in ihre nördliche Heimat, die jetzt Reservat ist, zurück.

dienten am Pelzhandel und als Fremdenführer, bis die Pocken sie vernichteten.

Die Stoney, welche heute in der Morley Gegend wohnen, sind Nachkommen derer, die überlebt haben. Sie sind mit den Sioux verwandt, die wiederum mit den Assiniboine verwandt sind. Sie selbst nennen sich Nakoda, "die Leute", ihre Vettern weiter südlich heißen Dakota. Die Nakoda wurden bekannt, weil sie eine Verbindung mit den Cree eingingen, um sich gemeinsam gegen die feindlichen Blackfoot zu verteidigen.

Jetzt wohnen die Cree hauptsächlich im östlichen Zentral- Alberta. Im XIX Jahrhundert zogen die Cree und die weißen Pelzhändler westlich bis zu den Rockies. Gewöhnlich liefen die Cree den Büffeln und anderen Tieren nach, deren Pelze gefragt waren, während sie mit einem Auge nach Feinden Ausschau hielten. Sie verbrachten viel Zeit mit Fallenlegen für die Weißen und bezahlten für diese enge

Beziehung teuer mit Krankheiten und Alkoholismus. Die sanften Tritte ihrer Mokassins sind verhallt in den Rockies dieser Tage. Zwei der bekanntesten Stämme sind die Kootenai und die Beaver. Eine zeitlang durchkreuzten ihre Routen die Rockies und sie ließen sich in verschiedenen Gegenden nieder. Der Pelzhandel brachte den Eingeborenen eine Zeit der Unruhe und des Wohlstandes - bald von schrecklichen Seuchen gefolgt.

Es waren wohl die Kootenais, die sich auf den Pässen am besten auskannten, weil sie regelmäßig aus ihren westlichen Wohnsitzen zur Büffeljagd in die Prärien kamen. Wenn sie zum Überwintern zurückkehrten, mieden sie die immer wachsamen Blackfoot. Später siedelten sie sich in den östlichen Hügeln an. Mitte des XVIII Jahrhunderts und einige Male danach wurden sie von Pocken heimgesucht, die ihre Anzahl drastisch dezimierte. Heute gibt es die Kootenais nur noch auf der westlichen Seite der Rockies.

## Eine Geschichte über die Rocky Mountain Thermalquellen

### Die Thermen in und um

Banff waren den Stoney, den Sarcee, den Blackfoot, den Blood und den Peigan wohl bekannt. Man hört, daß manche Feinde darin zusammen badeten, um ihre Schmerzen zu lindern. Wenn sie Erfolg hatten, bedankten sie sich. Aber seit der Ankunft der Weißen wird nicht mehr gebetet und es gibt kein Danksagen. Die Wasser verlieren ihre Macht.

# INDIANISCHE PONIES UND PFERDE

**Herr und Frau John Hunter, Stoney Indianer**

**E**s scheint wilde Pferde in Nordamerika gegeben zu haben, die in vorgeschichtlichen Zeiten ausstarben. Die spanischen Konquistadoren haben diese Tiere im XVI Jahrhundert nach Mexiko eingeführt. Die Pferde, welche sie hinterliessen, haben das Leben der Eingeborenen, besonders in den Ebenen von Nordamerika, total verändert.

Anfang des XVII Jahrhunderts, lange bevor die Weißen kamen, waren die Tiere, welche das Peigan Volk zuerst als "große Elchhunde" beschrieb, sehr begehrt. Bis spät im XVIII Jahruhundert waren Pferde östlich der Rockies etwas Alltägliches.

Eingeborene gewöhnten sich schnell an sie und wurden ausgezeichnete Reiter. Pferde waren Lasttiere, sie verbesserten die Chancen bei der Büffeljagd, durch sie war ein Krieger dem Feinde zu Fuß überlegen und natürlich wurden sie Symbol des Reichtums.

Eine ganze Ethik befasste sich damit, wie man Pferde erwirbt. Sie waren begehrt, ob gekauft oder gestohlen. Stämme die es verstanden, Pferde zu "erwerben", verdrängten die anderen. Zeiten wurden festgesetzt wann man den Bestand erweitern soll. Zuerst dichtete man geistige Gesänge, um seine eigenen Tiere zu schützen. Dann wurden die Mutigsten für Überfälle auserwählt. Erfolgreiche Clans oder Personen wurden mit Vorteilen belohnt.

Als christliche Missionare ankamen, ärgerten sie sich, daß die Eingeborenen kein Konzept von "Sünde" hatten. Die Indianer wiederum hielten die Missionare für irrsinnig mit ihren Hinweisen, daß man im ewigen Feuer brennen würde, wenn man Tiere herbeiholt, die für ihre Leute so nützlich sind.

## Gebirgspässe

**Was heute Kananaskis** Country heißt, war früher ein beliebter Paß. Im Frühjahr durchzogen die Prärieleute dieses Tal, um Pferde anzuschaffen. Im Sommer holten sich die westlichen Clans sie wieder zurück. Manche Pferde waren so an diese Routine gewöhnt, daß sie selber ausrissen. Sie kamen im Frühling zum Osten und im Herbst in den Westen der Rockies. Um dem Einhalt zu gebieten, wurden gestohlene Pferde an eine alte Stute gebunden, oder ihre Nasen wurden mit einem Tiergeruch eingerieben.

# PAINT POTS: KOOTENAY NATIONAL PARK

Man kann die Rotocker Ablagerungen von speziell angelegten Pfaden aus sehen. In dieser Gegend sind Farben surrealistisch und intensiv. Rotes Puder findet man an alten Zeremonialorten in Felsen eingebettet oder auf geheiligten Gegenständen in Nordamerika und überall auf der Welt.
KLEINES BILD: Hier zeigt eine praktizierende Medizinfrau Säckchen mit rotem Ockerpuder und anderen wertvollen Mineralen.

In alten Zeiten kamen die Stämme von den Prärien und auch aus den Bergen um "rote Erde" zu holen. Ein großer Hügel aus hell-rostfarbenem Eisenoxyd liegt an drei kalten Mineralquellen. Im Laufe der Zeit bildeten sich Eisenablagerungen, die für Indianer und später auch die Weißen ein wichtiges Handelsgut waren. Die Eingeborenen brauchten es für Farbe. Der rote Puder wurde gesäubert, mit Wasser verknetet, in nußgroße Bällchen geformt und dann wie kleine Küchlein abgeflacht. Diese backte man im Feuer um sie dann wieder zu Puder zu zerstoßen. Nun wurde es mit Fischöl oder tierischem Fett vermischt und als Farbe für Kriegsbemalung, Tipis, Kleidung und Piktographien verwendet. Sie experimentierten mit dem Material für Medizin und benutzten es für Zeremonien. Kenner meinen, dass Eingeborene auf der ganzen Welt dieses Puder mit Blut in Verbindung bringen und daher mit Leben. Man findet roten Puder in geheiligten Amuletten und in Steinritzen alter sakraler Orte hier, in Afrika und in Europa.

Die Indianer glaubten, es gäbe einen großen Tiergeist und einen Donnergeist bei den Quellen. Die Stoney berichten, daß sie von flötenartigen Tönen gerufen wurden, doch konnten sie den Sinn nicht verstehen. Sie sagten auch, daß sie nie die genaue Form dieser Geister erkennen konnten.

Kootenay National Park Paint Pots liegt an der Highway 93, in Vermillion Pass, nördlich von Radium Hot Springs. Hinweistafeln sind vorhanden. Zu den Quellen sind es 0,5 km zu Fuß. Obwohl Ocker technisch gesehen gelb ist, wird das hier gefundene Material als roter Ocker bezeichnet. Auskunft erteilt der Environment Canada Parks Service, Box 220, Radium Hot Springs, BC, V0A 1M0. Tel (604) 347-9615, Fax (604) 347-9980.

# TAKAKKAW FALLS: YOHO NATIONAL PARK

**D**ieser 380 Meter hohe Wasserfall wird von dem unsichtbaren Daly Gletscher gespeist, welcher gleich hinter dem Gipfel der Kaskade liegt. Der Gletscher wiederum wird von dem Waputik Eisfeld versorgt. Im Sommer, wenn es warm ist, stürzen Gebirgsbäche donnernd in die Tiefe. Im Herbst hört das Schmelzen auf und im Winter vermindert sich der Wasserfluß bis auf ein Eis-Rieseln.

In der Sprache der Cree bedeutet "takakkaw" prachtvoll, jedoch mochten die Eingeborenen die Geister dieses Ortes nicht. Sie sprachen von ihm als von einem Platz des Bösen. Da die Wassermenge des Flußes sich verändert, können die nassen Felsen manchmal ein dunkles, ominöses Antlitz präsentieren.

Dieser Wasserfall befindet sich in einem Tal, von welchem man weiß, daß hier seltene, sehr alte Fossilien zu finden sind. Forscher aus aller Welt kommen hierher und suchen nach Fossilien, die ihre eigenen Theorien beweisen oder widerlegen sollen. Die Burgess Shales (Schiefer) stehen für Bildungszwecke unter dem UNESCO Welt-Denkmalschutz Programm. Zeitweilig gibt es Abendprogramme in einem Freilichtamphitheater, daß sich auf einem der nahegelegenen Camping Plätze befindet. Bei diesen Programmen erfährt man etwas über den Wert des Schiefers und die Geschichte seiner Entdeckung.

**Takakkaw Falls sind nur ein kleines Rinnsal im Winter, etwas was Sommergäste sich gar nicht vorstellen können.**

Takakkaw Falls sind unweit von Field im Yoho National Park an der Highway 1, wo Tafeln auf dem schmalen asphaltierten Weg zu ihnen hinweisen. Es gibt dort Haarnadelkurven. Auskunft: Environment Parks Service, Box 99, Field, BC V0A 1H0, (604) 343-6324

# SEE DER KLEINEN FISCHE: LAKE LOUISE

**Bei Sonnenaufgang ist der schillernde Regenbogen noch immer in den Wassern von Lake Louise sichtbar.**

**H**eute berühmt als Banff's Lake Louise, "Juwel der Kanadischen Rockies" ist für die Indianer bescheiden "See der kleinen Fische."

Ohne Zweifel hat er die schönsten Farben der Welt. Eine Geschichte der Stoney erzählt wie sie entstanden ist.

Vor langer Zeit lebten hier drei Riesen. Einer war ein großer Jäger, aber nie zufrieden. Eines Tages erblickte er einen Regenbogen, der sich über die Prärie spannte. Er meinte, daß man aus diesem schillernden Halb-kreis einen prächtigen Bogen machen könnte, für einen prächtigen Mann wie er ist. So reiste er dem Regenbogen nach bis in die Berge, wo er auf einen hohen Gipfel stieg. Er kletterte auf den höchsten Baum und wollte zum Himmel greifen. Doch jedesmal, wenn er schon fast den Regenbogen berührte, verschwand dieser. Einmal gelang es ihm seine Spitze zu erwischen. Verärgert schleuderte er sie gegen den nächsten Berg, wo sie in drei Teile zerbrach. Ein Stück zerschmetterte gänzlich auf dem Gipfel, eins fiel ins Tal, und eins glitt den Berg hinunter und versank im See. Viele Monde später, tief im Wasser fanden sich die Farben wieder. Sie freuten sich und begannen wieder zu glänzen und durchzogen langsam den ganzen See. Heute, bei Sonnenaufgang kann man noch immer den schimmernden Regenbogen im Wasser sehen. Und nach einem Regensturm sieht man, wie sich ein Stück des Regenbogens über den See spannt.

Lake Louise liegt 58 km nordwestlich von Banff, auf Highway 1. Auskunft: Banff/Lake Louise Tourism Bureau Box 1298, Banff, AB, T0L 0C0 (403) 762-8421, 1-800-661-8888; oder das Lake Louise Visitors' Centre, (403) 522-3833.

## Wie Wasser seine Kraft erhielt

**Vor langer Zeit, als Sonne** Herrscherin der Erde war, kam Wasser zu ihr und bat um ein wenig ihrer großen Kraft. Doch Wasser nahm mehr, als Sonne zu geben dachte, und lachte und tanzte. Wasser begann nun die Berge zu formen, riß Felsklippen ab und überflutete das Land. Sonne war verärgert und drehte der Erde den Rücken. Plötzlich fror Wasser ein, seine Kraft war in großen Eisflüßen eingeschlossen. Lange, ewig lange dauerte es, bis Wasser langsam wieder seine Kräfte in hohen Gebirgsglet-schern sammelte. Wasser begann wieder die Berghänge zu glätten, obwohl nun etwas langsamer. Sonne sah, daß der Schelm sie wieder ausget- rickst hatte und lächelte amüsiert auf die Erde herab. Endlich befreit, sprudelte das Wasser herunter und schuf viele Fälle und plätsch- ernde Bäche. Jedes Jahr nun wen- det Sonne ihr Antlitz ab und erin- nert Wasser daran, daß sie es wieder in Eis verschließen kann. Obwohl das Land vom Eis geformt wurde, regiert hier Sonne.

## Wie sich die Eingeborenen selbst nennen

| BEKANNTER NAME | INDIANISCHER NAME | BEDEUTUNG |
|---|---|---|
| Blackfoot Stamm | Soyitapi | wirkliche Leute |
| Siksika | Sik sikah' | schwarze Mokassins |
| Blood | Kainai | viele Häuptlinge |
| Peigan | Aputoksipikun | nördliche Leute |
| Sarcees | Tsotli'na | Erdmenschen |
| Stoney | Assinipwat | Steinmenschen |
| Cree Stamm | Nahiawuk | genaue Leute |
| Beaver | Tsattine | mit Bibern wohnende |
| Slavey | Acha'otinne | Waldlandmenschen |

Moraine Lake ist typisch für die majestätische
Landschaft, welche in den Kanadischen Rockies
gefunden werden kann. Die Berge im Hintergrund
werden "Wenkchemna Mountains" genannt.
"Wenkchemna" heisst auf Stoney indianisch
zehn.

# LUXTON MUSEUM: BANFF

**T**ipis, Pferde, Waffen und Kriegshelme sind Symbole, die wohl überall den Eingeborenen bekannt sind. Das Luxton Museum, hinter festungsartigen Mauern aus Baumstämmen eingeschloßen, hat etliche lebensgroße Exponate. Die Szenen veranschaulichen den Alltag in der Kultur der Prärien nach Kontakt. Zusätzlich gibt es auch verschiedene Gegenstände, vom Glenbow Museum in Calgary geliehen, einige aus privaten Sammlungen und zwei Dioramas von Charlie Biel. Es ist interessant, daß ein Präparator ein lebensgroßes Schlittenhundeteam der Cree aus Wölfen gemacht hat!! 1950 gründete Norman Kenny Luxton, ein Einwohner von Banff, ein Museum, welches 1961 dem Glenbow Institut gestiftet wurde. Bis 1991 wurde es als Filiale des in Calgary sich befindlichen Museums verwaltet und im März l992 von der Buffalo Nations Cultural Society erworben. Diese gemeinnützige Gesellschaft arbeitet jetzt an einer Vervollständigung der existierenden Exponate.

Sie wurde 1989 ins Leben gerufen, um eine Verbindung der einzelnen Indianer der "Treaty 7" zu formalisieren. Dazu gehören Mitglieder der Blackfoot (Siksika), Sarcee (Tsuu T'ina), Peigan, Blood (Kainai) und Stoney (Nakoda) Völker. All diese sind daran interessiert, einen erweiterten Indianischen Kulturpark einzurichten.

Gruppentouren kann man im voraus buchen. Das Museum befindet sich westlich der Bow River Brücke. Das Luxton Museum selbst, bietet eine Auswahl von indianischen Kunst- und Handarbeiten, Veröffentlichungen und guten Reproduktionen. Die jährlichen »Buffalo Nations Heritage Days« in Verbindung mit dem Luxton Museum finden an der Rafter Six Ranch statt. Informationen bekommen Sie im Luxton Museum, Box 850, Banff, AB, T0L 0C0, (403) 762-2388.

Zu der Ausstellung gehört eine Darstellung des »Sonnentanz« Rituals. Ein Krieger bläst auf einer Flöte aus Adlerknochen geschnitzt und tanzt dabei zu dem Rhythmus einer Trommel. Seine heldenhafte Ausdauer brachte dem Land und seinem Stamm einen Neubeginn.

## Banff Indian Trading Post

**1903 eröffnete Norman** Luxton seine Handelsniederlassung am Ufer des Bow Flusses in Banff. Während seines Lebens leistete er einen ungeheuren Beitrag zu dem Banffer Dorf und dem Banff Nationalpark. Er war besonders durch seine langfristige Beziehung zu den Stoney Indianern bei Morley am besten bekannt.

Seit fast einem Jahrhundert besorgt das Banff Indian Trading Post einen Absatzmarkt für Stoney Handarbeiten. Heute besuchen die Indianer aus der Umgebung noch täglich die Handelsniederlassung um ihre Handarbeiten zu verkaufen. Die Auswahl ist inzwischen auch vergrößert worden und enthält auch indianische Kunstwerke aus ganz Kanada.

Als ein Wahrzeichen der Jahrhundertwende, befindet sich das Banff Indian Trading Post an der Ecke von Birch und Cave Avenuen, gleich rechts nachdem man die Banff Avenue Bow Flußbrücke überquert hat. Wenn Sie weitere Informationen benötigen, rufen Sie bitte (403) 762-2456 an.

# SUNDANCE LODGES:
# KANANASKIS COUNTRY

**Kananaskis Country ist nicht so gut bekannt wie Banff Nationalpark in der Nähe, jedoch dasselbe Gebirge, die Rocky Mountains, bilden seine spektakuläre Kulisse.**

**D**as Kananaskis Country, von hochragenden Gipfeln umgeben, ist Ausgangspunkt für die Rockies. Ein Besucherzentrum befindet sich in der Nähe der Kananaskis Seen. Dort gibt es auf Verlangen eine Filmvorführung, welche die archäologischen Arbeiten vor dem Bau der Autobahn zeigt. Informationen: Visitors Centre (403) 591-6344 (Kananaskis Country) (403) 673-3985 (Barrier Travel Info). Auskunft über Kananaskis Country: (403) 678-5508. Vom 1. December bis 15. Juni sind Teile der Highway 40 geschlossen.

Auskunft über Straßenzustand: Fortress Junction, (403) 591-7371.

Das Tipi ist eine praktische und umweltfreundliche Behausung, erstmals von den eingeborenen Einwohnern der Ebene und des Gebirges entworfen. Diese Tipis für Touristen sind heutigen Ansprüchen gemäß etwas modernisiert und mit einem Bett mit Schaumgummimatratze, Heizkörper, Laterne, Kochgerät, Bettwäsche und dem Wichtigsten: einem erhöhten Boden ausgestattet. Vor jedem der 24 Tipis gibt es einen Grill, eine Feuerstelle und einen Picknicktisch.

Um den Spaß, in einem Tipi mit Komfort zu wohnen, noch zu erhöhen, bieten die Sundance Lodges in Kananaskis Country auch Waschmaschinen, heiße Duschen, sowie einen Laden auf dem Anwesen an. Dieses Unternehmen gehört nicht den Indianern. Man kommt zu den Sundance Lodges via Beaver Point Abzweigung auf Highway 40 in Kananaskis Country. Informationen: Box 1869, Claresholm, AB, T0L 0T0, (403) 625-4100; Box 190, Kananaskis Village, AB, T0L 2H0, (403) 591-7122.

**Bei dem ruhigen Chief Hector** Lake in den Rocky Mountains, aber außerhalb des Nationalparks, liegt Nakoda Lodge, die 1981 von Eingeborenen eröffnet wurde. Der Service den der Goodstoney Stamm, welcher dieses Gasthaus verwaltet, bietet, soll ungleichmäßig sein. Manche Gäste berichten sie seien zufrieden, andere nicht. Das Gasthaus hat 50 Gästezimmer, Konferenzeinrichtungen und ein großes Restaurant, wo beliebte Sonntags"brunches" serviert werden. Die Nakoda Lodge befindet sich in der Nähe von Canmore, 30 km abseits der Highway 1 und 1A. Auskunft: Nakoda Lodge, Tel.(403) 881-3949 oder 881-3951, Fax (403) 881-3901.

## Spezialtouren: von Banff oder vom Vorgebirge aus

**Abaniska Native Adventures Inc.,**
Box 136, Site 7, RR#1, Calgary, AB, T2P 2G4, (403) 949-2615, fax (403) 949-3235.

**Anchor D Guiding and Outfitting,**
Box 656, Black Diamond AB, T0L 0H0, (403) 933-2867; Kutschen, Heuwagen oder Schlittenfahrten für 1 bis 3 Tage.

**Covered Wagon Holidays,**
Box 221, Longview AB, T0L 1H0, (403) 933-3599; mit Planwagen; 1 bis 3 Tage.

**Diamond Hitch Adventures,**
Box 266, Grande Cache, AB, T0E 0Y0, (403) 827-3503, fax (403) 827-5790.

**Hunter Valley Recreational Enterprises,**
(403) 673–2777

**Mirage Adventure Tours,**
Box 2338, Canmore, AB, T0L 0M0, (403) 678-4919; geführte 1 bis 2 Tage Touren, per Floß, Kajak, Fahrrad, Hubschrauber oder Skilanglauf.

**Rocky Mountain Cycle Tours,**
Box 1978-1, Canmore, AB, T0L 0M0, Tel. (403) 678-6770, Fax (403) 678-4451; 6 tägige Radtour durch die Rockies.

**Rocky Mountain Raft Tours,**
Box 1771, Banff AB, T0L 0C0, (403) 762-3632; 1 Stunde Floßtouren auf dem Bow River.

**Teepee Productions & Tours,**
Box 161, Morely, AB T0L 1N0, (403) 691-0081 (pager).

**Wilderness Cookouts,**
c/o 132 Banff Ave, Banff AB, Tel.(403) 762-4551, Fax (403) 762-8130; 1 tägige Ritte oder Kutschenfahrten durch die Berge; ausgezeichnete Verpflegung.

# Passing of The Legends Museum: Seebe

Für eine 40 jährige Sammlung privater Geschenke und Andenken von Eingeborenen wurde dieses Scheunenmuseum gebaut.

**D**ie Rafter Six Ranch ist ideal für Gäste, welche reiten wollen, ausgiebige Mahlzeiten, Komfort und westliche Gastlichkeit mögen. Der Inhaber, Stan Cowley ist ein bekannter "weißer Ehrenhäuptling," der viele Bekannte unter den Eingeborenen in den benachbarten Gemeinden hat, und er erhält und gibt viele Geschenke.

Um indianische Erinnerungsstücke, die er seit 40 Jahren sammelt, auszustellen, hat er ein scheunenähnliches Gebäude neben seiner Ranch hingestellt. Jeder, auch wenn er kein Ranchgast ist, kann diese Sammlung besichtigen, aber am besten ist, wenn Stan Cowley selber die Führung übernimmt. Man sieht zunächst eine Kollektion von Friedenspfeifen, dann eine Etage höher, Fotos verschiedener Häuptlinge. Ausgestellt sind Wildlederkleidung, Tänzerfiguren, viele Gegenstände die den Nationalstolz der Indianer reflektieren und ein aufgestelltes Tipi, sogar komplett mit Innenvorhang. Individuell bemalte Büffelschädel sind Symbol geheimer Verbände. In einem Hinterzimmer sind Beispiele der blauen "Vertrags"Mäntel. Wenn ein Vertrag unterzeichnet werden sollte, grub einer der Northwest Mounted Police eine alte Militärjacke oder einen Hut aus. Nachdem er frische gelbe Streifen aufgenäht hatte, präsentierte er diese dem Häuptling während der Zeremonie. Die Eingeborenen trugen die schlecht passenden Stücke teils aus Stolz, teils aus Höflichkeit.

An den Wänden angebracht sind Tomahawks und anderes Kriegsgerät. Man sagt, daß es die lange Lanze war, der die Blackfoot Konföderation ihre Siege verdankte.

Früher, vor einer großen Schlacht, ritten die Gegner aufeinander zu. Sie stellten sich in Pose, fuchtelten bedrohlich mit ihren Waffen, und manchmal gelang, es den Feind ohne Blutvergießen zu verjagen. Während dieses Gestikulierens nahm man die Gelegenheit wahr, des anderen Kriegsbereitschaft, inklusive Mann, Pferd und Waffe zu taxieren. Die Blackfoot brachten l,5 m lange Lanzen zu diesen Scharmützeln. Gruppen, welche die Blackfoot fürchteten brachten ihre besten Waffen in der Hoffnung den gefährlichen Feind abzuschrecken. Wenn aus den Plänkeleien Ernst wurde, waren die Blackfoot bereit. Sie hatten scharfe Bajonette, die auf die Lanzen gesteckt wurden, wodurch sie 3 m lang wurden. Damit konnte man einen Reiter mit einer kurzen Lanze leicht vom Pferd stoßen.

Meistens überlebte niemand die Blutbäder und so gab es auch niemanden, der etwas hätte erzählen können.

Zusätzlich zum Museum befindet sich dort auch ein "logcabin" Restaurant. Das Passing of the Legends Museum ist in der Nähe von Exshaw, westlich von Calgary und östlich von Canmore. Es gibt Tafeln auf der Trans-Canada Highway 1, die auf die Abfahrt hinweisen. Auskunft: Rafter Six Ranch Resort, Seebe, AB, T0L 1X0, Tel. (403) 673-3622, oder (403) 264-1251, Fax (403) 0673-3961.

## Chief Chiniki Restaurant and Handicraft Centre: Morley

**Dieses Zentrum gehört den** Eingeborenen und liegt in einem Reservat nahe der Highway 1. In der Handwerkabteilung wird eine große Auswahl typischer, handgemachter Gegenstände von den Eingeborenen Albertas angeboten. Vieles machen die Verbände der Stoney, der Chiniki, der Bearspaw und der Goodstoney an Ort und Stelle.

Ferner wird hier perlenbesticktes Beiwerk für Tanzkostüme ausgestellt und manchmal auch verkauft. Diese Schaukästen ermöglichen es, die feine Handarbeit der Tanzkostüm-Accessoirs zu sehen. In demselben Gebäude gibt es ein kleines Cafe wo Büffelfleisch und Bannocks die Spezialitäten sind. Außer den üblichen Gerichten wie Frühstückseier und Speck, stehen auf der Karte auch Büffelsteak, Moschusochsen und Rehgulasch, sowie der stets beliebte Büffelburger. Manche dieser Gerichte gibt es nur während der Saison.

Dieses Zentrum befindet sich neben der TransCanada Highway 1 bei Morley, westlich von Calgary. Beachten Sie die Hinweisschilder. Auskunft: Chiniki Restaurant and Handicraft Centre, Box 190, Morley, AB T0L 1N0.

**Bemalte Schädel hatten angeblich große Kraft und waren Symbol von Geheimbunden.**

# DIE BÜFFELMENSCHEN

Genau wie zur Zeit als Millionen Büffel das Land durchstreiften, sieht es mancherorts heute noch aus. Leider verdrängt Kultivation das noch unberührte Land.

**D**er Lebensstil der nomadischen, in Tipis lebenden Stämme der Ebenen vor Kontakt ist durch Literatur wohl bekannt. Heutzutage leben in Alberta Stammgruppen, die Variationen von drei Sprachen gebrauchen: algonquin, athapaskan oder siouanassiniboine. Viele Stammesgeschichten werden überarbeitet, indem die Überlieferungen weiterhin durchforscht werden.

Zur Zeit als die ersten Weißen kamen, wurde die Blackfoot Konföderation gemeinsam mit den Apachen und den Comanchen weiter südlich wegen ihrer Kriegskunst sehr bewundert. Die Bürokraten in Ostkanada lernten bald, daß es für sie von Vorteil war mit der Konföderation zu verhandeln, statt zu kämpfen, da diese es mit allen Neuankömmlingen aufnehmen konnten. Die Blood, Peigan und Siksika sprechen alle algonquin. Früher waren die Blood dafür bekannt, daß sie die besten Krieger ausbildeten, doch alle Blackfoot Völker waren kriegserfahren.

Die Sarcee, die Länder in der Nähe des heutigen Calgary besitzen, sind auch stolz auf ihren Ruf als Krieger. Ab und zu verbündeten sie sich mit den Blackfoot Stämmen, und ab und zu stritten sie mit ihnen. Bei diesen Auseinandersetzungen sollen sie manchmal die Oberhand gehabt haben. Obwohl die Sprache der Sarcee aus dem athapaskischen kommt, sind sie ursprünglich ein Sproß des weiter nördlich wohnenden Beaver Volkes.

Die Stoney sind Abkömmlinge des viel größeren Siouxvolkes im Süden. Jedoch lange vor Kontakt verbündeten sie sich mit den Cree, den Feinden ihrer Sioux Brüder. Auch als Assiniboine bekannt, waren die immer beweglichen Stoney die ersten, welche von der Hudson's Bay Company Gewehre bekamen, ca 1670, an den Ufern des Winnipegsees.

So bewaffnet schoben sie einen Keil zwischen die Gros Ventre und die Blackfoot im Süden und die Beaver weiter nördlich. Sie siedelten sich schließlich im östlichen Schatten der Rocky Mountains an, wo sie heute noch wohnen.

Die Cree sind einer der größten Stämme Kanadas mit Gruppen, die von der Hudson Bay bis an das Vorgebirge der Rockies reichen. Sie fühlten sich immer als Feinde der Blackfoot. Von den vielen der heute anerkannten Cree-Stämme wohnen die Plains-Cree im Mittelteil von Alberta

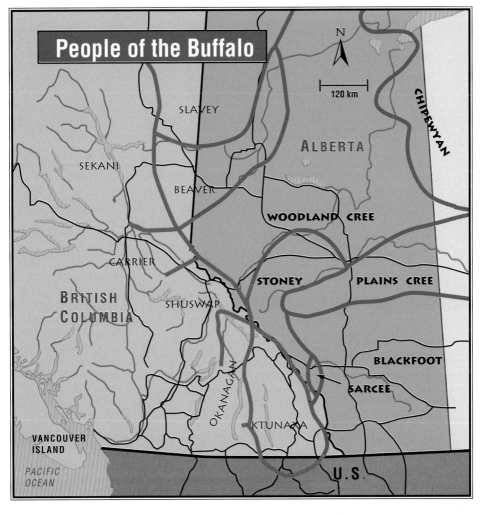

# People of the Buffalo

SLAVEY

ALBERTA

120 km

CHIPEWYAN

SEKANI

BEAVER

WOODLAND CREE

CARRIER

STONEY

PLAINS CREE

BRITISH COLUMBIA

SHUSWAP

BLACKFOOT

OKANAGAN

SARCEE

KTUNAXA

VANCOUVER ISLAND

PACIFIC OCEAN

U.S.

## Eine moderne Siksikafrau

**Sandra White, zur Zeit Leiterin** des Native Tourism Development Program im Native Education Centre in Vancouver, stammt aus den Prärien. Sie meint es sei wichtig für die Eingeborenen, daß Besucher ihre Kultur kennenlernen, aber gleichzeitig soll man überlegen, was davon gezeigt werden soll.

Sandra hat Verständnis für den Geschäftssinn der Eingeborenen.

"Es ist wichtig, daß die Indianer ihre Verantwortungen mit ihrer Gemeinschaft teilen." Sie freut sich, daß die Absolventen ihres Bildungsprogramms beweisen, daß Touristikunternehmen der Indianer sich langsam vermehren.

**Stoney Indianer-Häuptling**

und die Woods-Cree nördlich davon. Eigentlich der algonquin Sprachgruppe angehörend, nennen sie sich "Nahiawuk", "die korrekten Leute." Als es noch viele Büffelherden gab, bewegten sich die Cree in großen, organisierten Verbänden. Sie waren wegen ihrer Jagd zu Pferd berühmt - sie konnten einen Büffel sogar in tiefem Schnee erlegen. Geschick erwiesen sie auch im Erwerb von Pferden. Bekannt als gute Vermittler, wurden sie reich am Handel mit Pelzen zwischen den Stämmen und den Pelzhandelsforts. Sie sind an der Trennung der Sarcee von den Beaver schuld, indem sie sich zwischen ihnen niederließen.

Die Nordostecke von Alberta wird von den Chipewyan bewohnt. Aus dem Norden stammend, sind sie gute Karibu - Jäger geworden. Sie haben Karibu sogar von

Booten aus gejagt, indem sie die Tiere beim Überqueren von Wasserläufen töteten. Ihre Sozialstruktur war einfach; das Haupt der Familie wurde respektiert. In alten Zeiten sagte man ihnen nach sie seien halb Mensch halb Tier, denn sie ließen, sehr modisch, die Schwänze an den Häuten, aus denen ihre Hemden waren. Nach Kontakt waren sie Feinde der Inuit und entschloßen sich, wenn möglich von den weißen Pelzhändlern Abstand zu halten. Früher hatten sie einige unsichere Waffenstillstände mit den Cree. Man sollte sie nicht mit den Chippewas

weiter östlich verwechseln.

Die Beaver und die Slavey kommen aus dem Athapaska Sprachbereich. Um 1782 bekamen sie ihre ersten Gewehre und konnten somit einer Cree-Invasion Einhalt gebieten. Die unbewaffneten Sekanis wurden in den Westen der Rockies vertrieben. Im XIX Jahrhundert entstanden viele Handelsforts speziell wegen der Geschäfte mit den Beaver und den Slavey. Sie gewöhnten sich an das Verhandeln mit den Angestellten der Pelzhandelsfirmen, doch sie verabscheuten jede Berührung ihrer Frauen mit Weißen. Es gab einen solchen Vorfall und sie brannten als Protest einen Hudson's Bay Company Posten ab. HBC antwortete darauf mit der Schließung sämtlicher Posten, die für den Handel mit den Beaver und Slavey eingerichtet worden waren. Zunächst beschlagnahmten sie alle Fallen die sie konnten, und dann weigerten sie sich den Indianern Schießpulver zu

## Saskatoon Beeren

**Den Geschmack der Saska**toonbeere beschreibt man als Gemisch zwischen Mandeln und Blaubeeren. Es gibt große Felder von ihnen auf sonnigen Hügeln in den Prärien; wenn sie reif sind werden sie gelesen. Mit einem Stein wurden sie zusammen mit trockenem Büffelfleisch oder anderem Wild und Fett pulverisiert. Die somit entstandene nahrhafte Masse hieß Pemmican. Früher tauschten Eingeborene dies mit den Pelzhändlern oder verbrauchten es selbst, wenn Wild knapp war.

In fliegendem Trab durchquerten die jungen Männer die weiten Ebenen der endlosen Prärien.

verkaufen. Sie sandten die Eingeborenen zum nächsten Handelsfort, 325 km entfernt.

Bald bereute HBC die Torheit ihrer Handlung, denn die Beaver kehrten fröhlich zu ihrer traditonellen Pfeil und Bogen Lebensweise zurück und der HBC fehlten 20'000 Felle allein in einer Saison. Drei Jahre später öffnete die Hudson's Bay Company ohne Fanfaren ihre Türen wieder.

## Anderer Ausdruck: dieselbe Bedeutung

Es gibt unterschiedliche Bezeichnungen für gewisse Dinge und Völker zwischen den Vereinigten Staaten und Kanada. Manche sind verwirrend, manche sind andere Ausdrücke für dasselbe.

| Kanada | Vereinigte Staaten |
|---|---|
| Algonkins (die Leute) | Algonquins |
| Blackfoot, Siksika | Blackfeet |
| Chipewyan | für Chippewa gehalten |
| Dene, Slavey | Slaves |
| Inuit, Eskimo | Eskimo |
| Ojibway, Ojibwa | Chippewa, Salteaux, Soto |
| Peigan, Piikani | Piegan, Pikuni |
| Sarcee, Tsuut'ina | Sarci, Sarcee |
| Stoney | Sioux, Assiniboine |
| Verband, Nation, Volk | Stamm, Verband |
| bannock | fry-bread |
| bison, buffalo | buffalo |
| native, aboriginal, First Nations | native-American, Indian |
| prairie, plains | plains |
| reserve, band lands | reservation |
| teepee oder tipi | tipi, tepee, oder tipee |
| trading post | (verwechselt mit) fort |
| wapiti, elk | elk |

Heute ziehen die Slavey aus Nordwest Alberta vor, Dene oder Denevolk genannt zu werden. Ihre Gewohnheiten waren den der Beaver ähnlich, jedoch zogen sie ein Waldleben den öden Gegenden vor. Sie wußten, wie man sowohl in Eis wie auch mit Netzen angeln kann und wie man Karibu und Elche jagt. Sie tragen besonders schöne, traditionelle Kleidung, die reich mit Perlen, Fransen oder gefärbten Igelstacheln dekoriert ist.

Im heutigen Alberta gibt es außerdem noch einige verstreute Eingeborenen-Gruppen, wie die Ojibwa, Iroquois, Gros Ventre, Crow, Shoshoni und Kootenai.

# DER LEBENSWICHTIGE BUFFALO

Die Büffelherden sind heute gebändigt, doch ist ihr Geist für immer mit der Erde und der Lebendigkeit der Eingeborenen verbunden.

**B**is spät ins XIX Jahrhundert hinein war der Büffel für die Eingeborenen wie auch für Nicht-Indianer eine Einkommensquelle durch Knochenmehl als Dünger und Büffelkleidung. So bedeutete der Büffel für die Eingeborenen dieses Landes Nahrung, Kleidung und Behausung.

Seit ewig, als Büffel massenweise vorhanden waren, nutzten die Nomaden der Ebene alle Teile des Tieres für fast alles, was sie brauchten. Sogar getrockneter Dung wurde als Brennstoff in diesen baumlosen Gegenden verwendet. Es ist jedoch nicht richtig zu behaupten, daß der Büffel für sie das einzige Nahrungsmittel war, denn es gab jede Menge Gabelhornantilopen, Elche, Präriehühner, Wasservögel und Kleinwild. Zusätzlich fanden sie Wurzeln, Knollen und verschiedene Beerensorten, besonders die Saskatoonbeeren und "Chokecherries". Während die Leute aus den südlichen Ebenen aus Prinzip von Fisch wenig hielten, nutzten die Waldlandgruppen sie als Zusatz zu ihrer Nahrung.

Das Bild eines berittenen indianischen Jägers, der einen wütenden Büffel zum Erlegen von der Herde abdrängt, ist bekannt, jedoch ist es Phantasie. In den Tagen vor dem Schießgewehr waren Speere effektiver als Pfeil und Bogen, aber Büffel sind große Tiere, bis zu zweimal die Größe einer Kuh, und viel kräftiger. Für einen einzelnen Jäger wäre das sehr gefährlich.

Bevor man Pferde und Repetiergewehre hatte, wurden Büffel gewöhnlich angepirscht. Wochenlang wurde die Herde durch die Prärie gelockt, dann in eine Pferch hinein oder über Felsenklippen getrieben. In den Umzäumungen hielt man die Tiere bis zur Schlachtung. Danach wurde immer ein spirituelles Dankopfer gebracht. Es dauerte einen Mond oder länger, das ganze Fleisch zu trocknen und es wurde bis zur nächsten Jagd verwendet.

Man weiss nicht, wieviele Büffel früher gejagt wurden, aber in nur ca 12 Jahren seit 1872 wurden Unmengen von

## Wo man Büffel sehen kann: Alberta

Büffel sind nicht mehr von Ausrottung bedroht, jedoch sind manche durch Krankheiten gefährdet. In Alberta kann man den Wisent an folgenden Orten sehen:

Auskunft erteilt Alberta Tourism, Tel. (403) 427-4321, Nulltarif: 1-800-661-8888.

| | |
|---|---|
| Gilbertson Buffalo Paddock | Amisk |
| Bison Trail | Drumheller |
| Elk Island National Park | Edmonton |
| Wood Buffalo National Park | Fort Chipewyan |

ihnen getötet. Früher wurde von Millionen gesprochen, soweit das Auge reichen konnte. Konservative Schätzungen sprechen von 60 Millionen. In 1885 gab es keine Herden mehr. Allein 1875 wurden 500'000 Büffelfelle nach Montreal versandt. Die Felle waren als Schlitten- oder Pferdedecken und Militärmäntel gefragt.

**Eine Stoney Indianerin mit ihrem Kind im traditionellen "Travois-Gefährt.**

Die Mestizen und Eingeborenen wurden unter enormen Druck gesetzt, Geld herbeizuschaffen, um an moderne Technologie für ihre Leute heran zu kommen. Dies war am einfachsten durch den Verkauf von Büffelkleidung und Knochen. Die profitable Büffeljagd war das Naheliegendste, um ihren Wohlstand und den ihrer Gemeinschaft zu verbessern.

Büffel wurden dezimiert, trockene heiße Sommer und die langen, kalten Winter forderten ihren Zoll. Großwild wurde rar und die Menschen mußten sich mehr mit wildem Gemüse begnügen. Man verbrauchte aber mehr Energie sie zu sammeln. So entstand Hungersnot für die Prärieindianer. Während dieser traurigen Zeit verursachten verheerende Krankheiten und Alkoholismus das größte Elend. Obwohl die Eingeborenen sich von diesen Plagen längst erholt haben, ist der Ruf dieser Zeit aus Geschichten und Schulbüchern nicht wegzubringen.

## Verschiedene Büffel-Produkte:

| | |
|---|---|
| Fell | Bodenbelag, Kleidung, Mokassins |
| Fell, haarlos, weich | Kleidung, Mokassins, Tipis, Decken |
| Fell, haarlos, steif | Köcher, Behälter |
| Blase | wasserdichte Säcke |
| Hirn und Leber | Produkte für die Gerberei |
| Magen | Kochtöpfe, wasserdichte Säcke |
| Knochen | Schaber, Messer, Ahlen, Pfeile |
| Rippen | Kufen für Spielzeugschlitten |
| Schädel | zeremonielle Zwecke |
| Hörner | Trinkgefäße, Löffel, und Schießpulver-behälter |
| Sehnen | Bogensehnen, Zwirn, Seile |
| Schweif | Fliegenwedel |
| Haar | Ornamente, Pinsel, Seile, Polsterung |
| Zähne | Schmuck |
| Klauen | Rasseln |
| Hufe | Klebstoff |
| Dung | Brennstoff |

# HAUSTYP: DAS TIPI

**Die zarte Schönheit eines echten Tipilagers kann in einem Museum nie nachgemacht werden.**

**M**ehrere Eingeborene in der ganzen Welt entwickelten kegelförmige Behausung: die Lappen in Finnland, die Jukagiren in Sibirien, die Inuit in Labrador, die Eingeborenen in Kalifornien. All ihre Zelte haben eine Feuerstelle in der Mitte, eine Öffnung für den Rauch, einen Eingang der gewöhnlich nach Osten ausgerichtet ist und einen Ehrenplatz gegenüber des Eingangs. Diese Methode wird auch in den Prärien angewandt. In den

GEGENÜBERLIEGENDE SEITE: Mächtig, wie eine Kette von weissen Berggipfeln, stehen diese Tipis auf einem Teppich sonnengewärmten Präriegrases.

Ebenen ist das Tipi nicht kegelförmig, sondern nach rückwärts gelehnt, also hinten steiler. Auch haben echte Tipis regulierbare Klappen um Durchzug zu verhindern, sowie Innenvorhänge, die das Tipi isolieren.

Das Umherstreifen der Büffel erforderte, daß man ihnen nachzog. Bei gutem Wetter wurden die Tipis und sämtliche Habe ein- und ausgepackt, aber im Winter blieben die Indianer stationär. Im Frühling feierte man Erneuerungszeremonien, bevor der Zug der Eingeborenenverbände wieder begann. Hunde mit "travois" waren das Transportmittel. Ein travois bestand aus zwei langen Tipistangen, die an beide Seiten des Hundes befestigt wurden.

Ein gerahmtes Gewebe wurde zwischen die Stangen gespannt, auf diese Weise wurden die Sachen transportiert. Manche Familien hatten mehr als ein Hundegespann, manche bis zu 50 Hunde. Später ersetzten Pferde die Hunde und die travois wurden ihnen angepaßt.

# Das Tipi: Logik und Regeln

**E**s gibt einige logische Regeln für das Leben in einem Tipi, die für jemanden, der nie so gewohnt hat, nicht erkennbar sind.

Östlich der Rockies weht der Wind meistens aus dem Westen, deshalb sind die Rauchklappen am effektivsten, wenn sie nach Osten gerichtet sind. Frauen bestimmen ihre genaue Richtung. Was Holz betrifft: nicht jedes ist für ein Feuer innerhalb des Zeltes geeignet. Hartriegel riecht unangenehm, Immergrünzweige verursachen viel Rauch, Tannen sprühen Funken. Da mehrere Büffeldecken den Boden bedecken, sind sprühende Feuer unerwünscht. Erlenholz brennt heiß und ist geruchlos. Manchmal wird eine handvoll "sweetgrass" ins Feuer geworfen, um einen angenehmen Geruch zu verbreiten.

Es gibt Regeln in einem Tipilager. Wenn ein Zelt aufgeschlagen wird, haben die Älteren die erste Wahl des Stellplatzes. Nicht alle Tipis sind bemalt, sondern nur jene von einflußreichen Familien. Bei Besuch gilt Folgendes: Wenn die Tür offen ist, kann jeder hereinkommen; ist die Tür zu, ruft der Besucher leise und wartet; wenn der Besucher ein guter Bekannter ist, darf er an der Tür rütteln. Wenn man keinen Besuch wünscht, hustet man leicht. Liebende geben sich manchmal geheime Signale, die hörbar sind. Ist der Inhaber fort, oder wünscht er keinen Besuch, befestigt die Tür oder

**Das Tipi ist Symbol für die Zeiten, als das Nomadenleben in den offenen Prärien noch möglich war.**

stellt zwei gekreuzte Stöcke davor.

Früher war das Tipi das Reich der Frau. Felle und Pelze wurden einladend ausgelegt, und Bequemlichkeit noch durch erfinderisch konstruierte Lehnen erhöht. Es gab einen Altar. Die ganze Einrichtung benützten hauptsächlich die Männer, aber sie war Besitz der Frauen, welche sie auch herstellten und packten.

Es war üblich, daß Männer und Frauen getrennt saßen. Ältere, Söhne und Gäste benutzten die Lehnen. Beim Betreten eines Tipi gingen Gäste um den Kreis herum zu ihrem bestimmten Platz. Wenn man zwischen Personen und dem

Feuer durchgehen mußte, bat man jeden einzeln um Entschuldigung. Bei Festessen wurden Männer zuerst bedient; wenn nur Männer zugegen waren, übernahmen die jüngeren die Bedienung. Bei allen Essen begannen die Gäste zuerst, und hinterher bot man ihnen, was übrig war, zum Mitnehmen an. Ihr Besteck brachten die Gäste selber mit. Die einzigen die sich nicht an die Sitten hielten, waren die Hunde. Händler berichteten, daß an manchem Morgen die Hunde in die Zelte eindrangen und unbekümmert auf den Schlafenden herumtobten.

Tipivorhänge waren

**Es gab nach Kontakt einen kurzen Versuch, die Eingeborenen in permanenten Tipis unterzubringen. Diese aber waren dunkel und die Innenluft wurde bald schal. Sie waren leicht entzündbar und unbeweglich. Niemand mochte sie.**

wichtig. Nicht nur weil sie isolierten, sondern auch weil sie verhinderten, daß man von außen Schatten sah. Wenn in der Mitte ein Feuer brennt und keine Vorhänge vorhanden sind, kann man die Umrisse der Leute innen genau sehen. Für Feinde war das eine Versuchung. Da sie die Einzelnen erkennen konnten, war es möglich sie mit einem Messer zu attackieren.

Filme zeigen Tipis leer und dunkel, doch die Tipis der Ebenen hatten farbenfrohe Vorhänge. Sie waren mit Pelzen, Fellen, Büffelhäuten, Decken und Lehnen ausgestattet

Auskunft erteilt: Alberta Tourism,
Tel.(403) 427-4321
Nulltarif 1-800-661-8888.

# DER GLAUBE: DIE MENSCHEN DER EBENE

Ein parfleche ist ein Sack aus Rohleder, in den man getrocknetes Fleisch, Fettschichten, Pfefferminz und Beeren stopft. Frauen kümmerten sich darum und lagerten sie in ihrem Tipi. Oft waren Zauberbündel in ähnlichen Behältern verpackt.
KLEINES BILD: Dieses nachgeahmte Zauberbündel ist im Museum von Head-Smashed-In ausgestellt. Es ist die einzige bewilligte Darstellung eines heiligen Beutels.

**D**ie verschiedenen Eingeborenen der Prärien hatten ein ähnliches, aber nicht das gleiche geistige Konzept. Die heiligsten Symbole waren Sonne, Donnervogel und Napi, ein schelmischer Geist-Mann, dessen Macht variierte.

Von Halbwüchsigen erwartete man, daß sie an Einführungsproben sowie an einer Visionssuche teilnahmen. Die Mädchen wurden isoliert, bis sie eine Vision und einen Gesang empfingen. Die Riten für Jungen waren

aufwendiger. Jeder mußte beweisen, daß er bei Gefahr seinen Mann stehen, und seine Leute vor feindlichen Außenseitern beschützen konnte. Je mutiger er sich zeigte, desto größere Ehren erwarteten ihn im spätern Leben. Während der Visionssuche gab ihm ein Beschützergeist einen Tanz oder einen Gesang ein.

Amulette und andere Dinge von denen man meinte sie hätten besondere Kräfte, bewahrten die Indianer in Zauberbündeln auf. Diese wurden von Schamanen

zusammengestellt, aber oft von den Frauen versteckt. Alle Objekte in diesem Bündel hatten Bedeutung, und die Macht eines Stammes war mit ihnen verknüpft. Ein Älterer leihte einem Krieger manchmal Einzelstücke daraus, speziell besondere Federn, bevor er zur Schlacht oder zur Jagd zog. Feinde, die einen Überfall machten, versuchten oft die Bündel eines anderen Stammes zu erbeuten. Es gab Zauberbündel, die Namen hatten und berühmt waren.

Läuterung war eine lebenslange Prozedur. Man

suchte sie in der Dunkelheit und im Dampf des Schwitzhauses. Es gab dort Zeremonien für die Neueingeweihten, begleitet von langem Fasten. Die älteren Leute hatten kürzere, unkomplizierte Schwitzsitzungen.

Die Eingeborenen der Ebenen waren auch bekannt für ihre geheimen Gruppen ähnlich denkender Männern und Frauen, die sich vereinigten um die verschiedenen Rituale zu kontrollieren. Sie bestimmten, wann die Jagd beginnen sollte, sie kannten die Bewegungen der Herden, sie choreographierten den Sonnentanz und riefen Krieg aus. Die Frauengemeinschaft hieß Motokik; Männer gehörten zu mehreren Vereinen.

Die heiligste aller Zeremonien war der Sonnentanz. Die Welt wurde umgestaltet und erneuert. Sonnentänze fanden in einer speziellen, mit beblätterten Zweigen bedeckten Hütte statt. Die Blackfoot ehrten "Die Heilige" und glaubten, sie könnte alle heiligen Elemente, welche für den Erfolg des Stammes notwendig waren, bringen. Die Tatsache, daß auf dem Höhepunkt des Sonnentanzes die Selbstverstümmelung eines mutigen Kriegers stand, war bestens bekannt.

Auch andere Zeremonien waren Teil des Lebens in der Ebene. Für lange Winterabende wurde Geschichten-Erzählen organisiert. Diese fortlaufenden Geschichten vermittelten wichtiges Wissen: warum die Welt geschaffen wurde, welche Verantwortung ein Mensch hat, welche Geheimnisse die Tiere hatten

und warum junge Leute respektvoll sein müssen.

Der Medizinmann, oder Schamane, war eine besondere Person, jemand der wohl schon früh im Leben Visionen hatte. Eine Kombination von Fasten, Schwitzen und Trommelschlagen entführte die Schamanen in eine andere Welt ,wo er oder sie Antworten auf wichtige Fragen suchte, z.B. wie man eine Krankheit heilt oder wie eine Ungerechtigkeit gesühnt werden kann. Manche Fragen waren einfältig, wie: "Wo wird über den Häuptling geklatscht?" Heilige, durch Pflanzen herbeigeführte Halluzinationen sind bis heute Teil der schamanistischen Tradition, werden jedoch nie zum Vergnügen angewendet. Er oder sie wechseln in eine andere Realität über, wo man der Antworten auf etwas Rätselhaftes harrt.

## Alberta Besucher Information

**Reiseauskunft, Unter-**kunftsverzeichnisse, Karten sowie Details über Veranstaltungen der Eingeborenen erteilt das Alberta Tourism, 10155-102 St, Edmonton, AB, T5J 4L6, Tel. (403) 427-4321, Nulltarif in Nordamerika 1-800-661-8888, Fax (403) 427-0867. In Europa gibt es eine Vertretung in England, Tel. 44-71-491-3430.

## Ausstellen oder nicht?

**Die Blackfoot sahen ihre** Zauberbündel als das Allerheiligste. Diese auszustellen war eine schwierige Entscheidung. 1987, vor der Eröffnung des Head-Smashed-in Interpretive Center, hatten Peigan Ältere lange Diskussionen über die Ausstellung und Erläuterung solcher Objekte. Manche meinten, das sei profan. Andere waren der Meinung, daß es unfair wäre, sie nicht zu zeigen, da sie ein wichtiger Teil der Blackfoot Religion sind. Schließlich kamen sie überein eine Nachahmung anzufertigen, die außen genauso aussah, innen jedoch leer war. Die echten Bündel werden jährlich überholt. Die Älteren der Bloodverbände sind weiterhin Gegner des Ausstellens von heiligen Gegenständen.

Das Foto zeigt einen Regalia-Sack. Er beinhaltet lange Federn, Pfeifen oder andere Gegenstände, welche für heilige Zeremonien wichtig sind. Diese Beutel wurden von Männern gewöhnlich außerhalb des Tipis aufbewahrt.

# ZAUBERKREISE, AUCH MEDIZINKREISE GENANNT: ALBERTA

Zauberkreise werden auf Hügeln in der Nähe von Flüßen angelegt. Das Majorville Wheel liegt an diesem Ufer von ungewöhnlicher Farbe, wo zwei Flüße sich gabeln.

KLEINES BILD:Forscher bemalen die Steine, um sie von der Luft aus sichtbar zu machen. Nur so kann man einen ganzen Kreis fotographiern.

Zauberkreise (Medicine Wheels) sind das Objekt vieler akademischer Studien, aber ihre Bedeutung steht zur Debatte. Auf den Ebenen in Südalberta, Saskatchewan und Montana existieren noch etwa 150 dieser Kreise. Die meisten findet man im Umkreis von 200 km vom Zusammenfluß des Red Deer und des South Saskatchewan.

Ein Zauberkreis ist ein rundes Areal, etliche Fußballfelder groß, um dessen Peripherie sonnengebleichte Steinblöcke aufgestellt sind. Manche haben Speichen wie ein Rad, andere haben große Steinhaufen oder Strahlen, andere wiederum konzentrische Zirkel. Einige sind in der Form von Schildkröten oder Personen gelegt. Ca. 135 dieser Räder haben eine ähnliche Lage, auf Hügeln, nahe bei Flüßen oder bei "Buffalojumps". Das Sonnenstrahlen Muster wird nur mit den Blackfoot verbunden. Seit die Siedler sie vor 150 Jahren entdeckten, gibt es verschiedene unglaubwürdige Erklärungen. Die wildesten davon sind, daß sie von Wesen aus dem All stammen, von den Azteken, von mystischen Hindi, wandernden Phöniziern oder Erdgeistern. Manche Akademiker widerlegen diese Theorien, da sie voraussetzen, daß die frühen Prairiemenschen nicht fähig waren, ihre Ideen durch Felsen und Kreise zum Ausdruck zu bringen. Man beachtet weder die Tatsache, daß manche der Indianer noch wissen warum sie existieren, noch daß die heiligen Zirkel weiterhin gebaut wer-

den. Möglicherweise werden Außenseiter von ihnen verwirrt.

Viele der Nordamerikanischen Zauberkreise sind so alt wie Stonehenge in England oder die ägyptischen Pyramiden. Auch dies ist ein Grund, warum so viel um sie gerätselt wird. Theorien, die weniger zu den "Weltallfremdlingen" neigen, halten natürlich das Konzept der Kalender/Sonnenuhr für richtig. Untersuchungen haben keine Verbindung mit astronomischen oder jahreszeitlichen Daten ergeben.Tatsächlich wurden die Kreise individuell aufgebaut und können in keine akademischen Kategorien eingeordnet werden. Verschiedene Kreise haben unterschiedliche Bedeutungen, alle sind Spekulationen aber alle sind tief vergeistigt. Die Eingeborenen behaupten, diese Kreise seien Denkmäler für die Toten und würden spirituelle Handlungen verankern.

Bis zum heutigen Tage gilt die Tradition: wenn ein großer Häuptling stirbt, wird er in ein Tipi gelegt und große Steine werden rundum als Denkmal aufgehäuft. Nach langer Zeit verschwinden Tipi und Leichnam, doch das Denkmal bleibt.

Manche Kreise dienten als Zeremonialstätten. Es ist bekannt, daß ein solches Rad der Ort des Regentanzes war, bei welchem man den Schöpfer bat, Donnervogel mit Regen zu senden. Es ist auch möglich, daß früher zu spirituellen Zwecken ein Stock in die Mitte des Zauberrades gesteckt wurde, der dann Schatten auf die ihn umgebenden Speichen warf. Gemäss der Bewegung des Schattens, war es Zeit zum Beten und verschiedene Gottheiten anzusprechen. Manche Missionare berichteten, dass gläubige Blackfoot in ihrer eigenen Religion öfter beteten als sie selbst.

Es gibt noch einen weiteren Grund für die Kreise: wenn ein Feind auf sie stieß wußte er sofort, daß er in fremdem Gebiet war.

OBEN: Sundial Hill Zauberkreis

## Horcht, die Steine sprechen: Alberta

**Eine archäologische** Ausgrabung beherbergt Bruchstücke von Beweisen einer alten Eingeborenenkultur. Wer Information über Ausgrabungen wünscht, wendet sich an die Archaeological Society of Alberta, Calgary Centre, 3624 Cedarville Drive SW, Calgary, AB, T2W 3X8; oder an die Strathcona Archaeological Society, 14716 65 Street, Edmonton, AB, T5A 2D1; oder die Underwater Archaeological Society, Box 113, Medicine Hat, AB, T1A 7E8. Information über Medicine Wheels bekommt man bei Archaeological Survey of Canada, 8820 112 Street, Edmonton, AB T6G 2P8.

# HANDELSNIEDERLASSUNGEN UND FORTS: SÜDALBERTA

**F**ort WhoopUp war eine massive, von 5 m hohen, zugespitzten Palisaden umgebene Festung. Türen, Fenster und Kamine waren mit Eisenstangen vergittert. Sie hatte 2 Eckbollwerke und 2 Kanonen. Von 1872 bis 1874 wurde sie von Dave Akers und seinen Männern besetzt. Es war eine ruppige Bande von Veteranen der Konföderationsarmee, welche den Eingeborenen Whiskey verkaufte.

Als eine Gruppe der Hudson Bay Company Pelzhändler hörte, daß das Fort mit Kanonen bestückt war und daß die Blackfoot, Freunde von Akers, ca 2'000 Mann in Bereitschaft hatten, sandten sie eine dringende Botschaft nach Ottawa. Im Februar 1874 waren ca 100 neue Rekruten mit Pferden und Wagen unterwegs nach Fort WhoopUp. Nach einem 1300 km Marsch und verschiedenen Mißgeschicken hatte sich die Division hoffnungslos verlaufen. Ein Mestize, Jerry Potts, führte sie schließlich zum Fort.

Die übermüdeten Kommandeure aßen mit den Amerikanern zu Abend. Klugerweise waren diese am nächsten Tag geflohen. Der unentbehrliche Führer, Jerry Potts, blieb 22 Jahre bei der Armee. Als er starb, wurde er mit allen militärischen Ehren beerdigt.

Im Herbst 1876, nach dem Fiasko der U.S. 7th Cavalry bei Little Big Horn, trafen der

**Die North West Mounted Police sind besser bekannt als die Mounties. Die hier gezeigten blauen Mäntel wurden einem Häuptling bei der Unterzeichnung eines Vertrags geschenkt.**

unerschrockene "Sitting Bull" und seine 4'000 Sioux ein. Sie blieben 4 Jahre in dieser Gegend, unter kanadischem Schutz. Als die Büffel ausblieben, und bedroht von der Blackfoot Konföderation, sowie auch auf Eigeninitiative, ergab sich Sitting Bull 1880 der amerikanischen Armee. Das Massaker der Indianer bei Wounded Knee fand etliche Jahre später statt.

Die Mounties wurden zum Schutz der Eingeborenen gegründet, nicht um sie zu bezwingen wie es die Amerikaner taten.

## Einfluß der Eingeborenen: Sehenswürdigkeiten in Alberta

Die folgenden Sehenswürdigkeiten zeugen von historischer Verschmelzung der Interessen von Indianern und Weißen:

| | |
|---|---|
| Fort Museum | Fort Macleod |
| Fort Whoop-Up Interpretive Centre | Lethbridge |
| RMH National Historic Park | Rocky Mountain House |
| St. Paul de Cris Cairn | Brousseau |
| Kinosoo Totempfähle | Cold Lake |
| Cemetery Spirit Houses | Rocky Lane |
| Indianische Kabinen und Baumgräber | Old Mackenzie Highway |

# Indianer - Treffpunkte in Alberta

**B**is spät in die Nacht hinein wird noch an den reich verzierten Kostümen genäht. Am nächsten Morgen kann der Große Aufmarsch beginnen. Zuerst spricht einer der Älteren das Eröffnungsgebet, dann werden die Fahnen entfaltet. Trommeln dröhnen, die Spannung wächst und der ganze Paradeplatz wogt, wenn die Tänzer in Spiralen auf der Rasenarena eintreffen. 300 bis 800 Tänzer können es sein, alle in ihren eigenen Trachten und jede Gruppe mit ihren eigenen Schritten. Sie kommen aus ganz U.S.A. und Kanada, um an einem rein indianischen Rodeo teilzunehmen, um Perlenhandarbeit, Schmuck und T-shirts zu verkaufen und um Bannock zu essen. Aber hauptsächlich kommen sie zum Tanzen, um Trommeln zu hören und Freunde, welche sie ein Jahr lang nicht gesehen haben, zu begrüßen. Dies ist ein Powwow.

Viele Eingeborene machen Powwow-Runden, und reisen im Juni, Juli und August von einem Fest zum nächsten. Die

**Beim Powwow leben alte Traditionen wieder auf, finden ihren Niederschlag in den leichten Fusstritten der Tänzer und werden in eine lebende Kultur verwandelt.**

um 13.oo Uhr beginnende Parade ist ein wichtiger Teil der Feier. Hier haben alle die Gelegenheit, die feinsten Trachten ihrer Vorfahren zu tragen, oder neu inspirierte Kostüme vorzuzeigen. Auch Indianerprinzessinen von ca. 12 Stämmen sind dabei. Das ganze ist ein sinneberaubendes Bild. Auskunft: Alberta Tourism, (403) 427-4321, oder 1-800-661-8888.

## Wie man eine eingeborene Berufstanzgruppe engagiert

**Chadi K'azi, auch bekannt als** "Red Thunder Native Dance Theatre", arbeitet unter der Leitung von Lee Crowchild aus der Tsuu T'ina Nation in Calgary. Die Tänzer werden von Stämmen aus ganz Westkanada ausgewählt. 1987 gegründet, präsentiert die Gruppe traditionelle Tänze vor theatralischem Bühnenbild. Ihre Choreographie wird durch authentische Kostüme, Federn, Lederhosen, Glöcken und Perlenschmuck betont. Die lebhafteste Präsentation ist der berühmte "Hoop Tanz", welcher von den Hopi Indianern aus den Wüsten von Südwestamerika stammt. Chadi K'azi hatten Bühnenauftritte in Kalifornien, New York, Alaska, quer durch Kanada und in Teilen Europas. Sie sind bis ein Jahr im Voraus ausgebucht. Auskunft erteilt: Red Thunder Native Dance Theatre, c/o Boxer Productions, 622A Edmonton Trail NE, Calgary, AB, (403) 230-0331.

# DIE BETEILIGUNG DER EINGEBORENEN AN DER 'STAMPEDE': CALGARY

**D**ie Calgary Ausstellung und Stampede, die "Größte Freilichtschau der Erde" gennant, ist wegen der besten Berufscowboys bekannt. Was nicht so bekannt ist, ist die Tatsache, daß manche von ihnen Eingeborene sind, die zur Weltspitze als Zureiter wilder Pferde, Büffelreiter und Kälberseiler zählen.

Die Stampede ist ein aufregendes Spektakel. Vor der Kulisse des Rummels um das Rodeo tragen die Eingeborenen zum Erfolg bei. Seit vielen Jahren nehmen die Stoney und andere Verbände ruhig und würdevoll bei der Eröffnungsparade ihren Platz ein. Es ist eine Gelgenheit für sie, ihre schönsten Kostüme und besten Pferde vorzuführen. Sie bauen auch ein Tipidorf auf, in dem sie während des Festes wohnen.

Gleich nach den frühabendlichen "Chuckwagon" Rennen gibt es Vorstellungen und Konzerte. Manchmal werden indianische Tänzer gebeten an den Abendveranstaltungen teilzunehmen.

Obwohl die Stampede vor Aufregung knistert, und mit einem eindrucksvollen Sortiment von Tieren und der Geschicklichkeit der Cowboys aufwartet, sind es doch die Eingeborenen, welche viele Besucher sehen wollen. Der beruhigende Takt der Trommeln in ihrem Tipidorf veranschaulicht den Herzschlag dieser Menschen. Mit den far-

**Young Fancy Dancers warten auf ihren Auftritt. Ihre Haartracht mit Igelstacheln nennt sich "roaches".**

benprächtigen Kostümen und Federn ist es ihre Gegenwart und ihr Segen, daß dieses Spektakel so populär ist.

Auskunft erteilt die Calgary Exhibition and Stampede, Box 1060, Station M, Calgary, AB T2P 2K8, Tel. (403) 261-0101, Nulltarif ist 1-800-661-1260. Fax (403) 265-7197.

# KUNST UND HANDWERK: CALGARY

Maschinengefertigte Mokassins gibt es in vielen Farben. Handgemachte sind eher bäuerlich und das in Heimarbeit gegerbte Leder hat einen rauchigen Geruch. Beide sind in Handarbeit bestickt.

**P**erlenbestickte Kleidung und Mokassins aus gegerbtem Wildleder sind zwei der besten Beispiele der Prärie Handwerkskunst. Wenn man Mokassins kauft sollte man beachten, daß es zwei Sorten Leder und zwei Macharten gibthandgemacht oder maschinengenäht. Die Perlen werden in beiden Fällen in Handarbeit angenäht.

Mokassins aus Elchhaut haben einen durchdringenden Geruch, den man nicht loswerden kann. Man hat Weichspüler versucht, doch der Erfolg ist gering. Mokassins, die aus diesem Material gemacht sind, zieht man nur draußen an, und sie sollten auch draußen aufbewahrt werden.

Diejenigen aus gewerblich gegerbtem Leder, egal ob mit Maschine oder von Hand gemacht, sind die teuersten. Dieses Leder hat einen delikaten Geruch. Sie sind mit ihren Perlenstickereien ein feines Beispiel des Handwerks. Zusätzlich mit Fell ausgeschmückt sind sie warm, bequem und praktisch.

Seit Perlen als Handelsgut eingeführt wurden, haben die Eingeborenen ein besonderes Geschick für ihre Anwendung bewiesen. Es gibt zwei Hauptdessins: geometrische oder Blumenmuster. Man deutet die geometrischen als maskulin, die Blumen feminin. Die besten geometrischen Muster machen angeblich die Stoney, während die Cree für Blumenmuster bekannt sind.

## Die Kunst der Eingeborenen: Calgary und Umgebung

**Chief Chiniki Handicraft Centre**, Box 190, bei der Highway 1, Morley (403) 881-3960
**Cottage Fine Arts**, 6503 Elbow Drive SW, Calgary (403) 252-3797
**Glenbow Museum Giftshop**,130 - 9th Ave SE, Calgary (403) 268-4100
**International Native Arts Festival**, Box 502, Calgary Alljährlich im August (403) 233-0022, fax (403) 233-7681
**Peigan Crafts and Peiganworks Moccasins**, Box 100, Brocket (403) 965-3755
**Rocky Barstad Bronze Sculptures**, High River (403) 652-4303
**Sarcee Arts and Crafts**, 3700 Anderson Road, SW, Calgary, (403) 238-2677
**Studio West Ltd**, 205 - 2nd Ave SE, Cochrane (403) 932-2611
**Three Eagles Gift Shop**, Highway 3, Brocket, (403) 965-3738
**Unisource Art Gallery**, 242 Stuart Green, SW Calgary (403) 246-7800
**Webster Galleries**, 919p - 17 Ave SW, Calgary (403) 245-5747
**Westlands Gallery**, 118 - 2nd Ave West, Cochrane (403) 932-3030

# GLENBOW MUSEUM: CALGARY

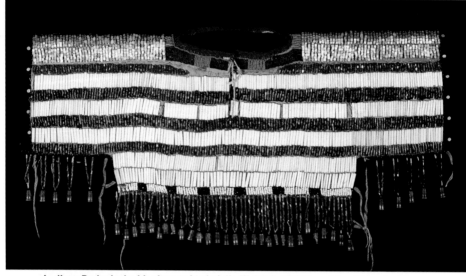

**In diese Perlenjacke hineingewebt sind die Weite der Prärie und der Glanz der Sonne.**

Früher verzierten die Prärieindianer ihre Kleidung mit gefärbten Stachelschweinstacheln, welche flach geschlagen, in ein Muster gelegt und geflochten oder gewebt wurden. Farben, aus Beeren und Wurzeln gewonnen, waren gedämpfte Gelb, Lila, Beige und Rottöne. Die meisten Muster waren geometrisch, etwa wie Zickzack Parabeln.

Nachdem man Handelsgüter eingeführt hatte, wurden Perlchen aus Körnern bevorzugt. Nun entwickelten sich zwei Grundmuster, aber die geometrischen blieben. Gewöhnlich sind es Dreiecke, Pfeile und Umrisse von Bergen, meistens auf weißem Grund. Außerdem kamen jetzt Blumenmuster dazu, die einen femininen Ton zufügten.

Die Woodland Cree, vielleicht weil sie als Erste mit russischen Händlern zu tun hatten, begannen mit Blumenmustern zu experimentieren. Wie die Slawen stickten auch sie Perlenblumen mit Blättern und Stielen auf Jacken und Mokassins in einer Fülle leuchtender Farben. Beide Musterarten werden heute ausgeführt, doch gibt es selten beide auf einem Stück. Die lebhaften Farben sind meist rosa, blau, rot, gelb und schwarz. Für Kostüme, die für Powwows bestimmt sind, werden die schönsten Muster reserviert.

Das Glenbow Museum hat eine Sammlung, die von Inuit Kleidung, welche dem eisigen Klima der Arktis widerstehen kann, bis zur elegantesten Perlen - und Stachel- Arbeit der Prärieindianer reicht. Außerdem hat das Glenbow

auch umfassende, permanente Kollektionen von Kunst und Handwerk. Glanzstücke sind Aquarelle aus dem XIX und XX Jahrhundert, sowie Inuit Drucke und Skulpturen. Unter den dort ausgestellten Künstlern sind Jack Shadbolt, Carl Rungius und Klee Wyck (Emily Carr).

Außer diesen permanenten gibt es auch wechselnde Ausstellungen. Unlängst gab es einen Tribut an den Pelzhandel und eine Schau internationaler Perlenarbeiten. Ab und zu finden Führungen statt, man sollte sich erkundigen.

Zusätzlich zum Museum und der Galerie, sind im Glenbow auch ein Fotoarchiv, sowie archivarisches Material, wie Bestände indianischen Kulturgutes beherbergt. Das Glenbow ist auch eine Quelle für Geschichtsforscher und

Studenten. Der Museums-
laden bietet eine gute Auswahl
an indianischer Kunst,
Schmuck, Geschichtsbüchern,
Posters, Karten und guten Reproduktionen an.

Einen Wegweiser durch
das Museum gibt es in englisch und in deutsch. Montags
ist es geschlossen. Auskunft:
Glenbow Museum and
Archives, 130 9th Ave SE, Calgary, AB, T2G 0P3, Tel. (403)
268-4100, Fax (403) 265-9769.

## Tsuu T'ina Museum and Archives: Calgary

**Dieses, in Reisebroschüren**
auch als "Sarcee Peoples Museum" genannte kleine Museum
befindet sich in einer Schule im
Sarcee Reservat. Das Interes-
santeste ist dort ein Tipivorhang
mit Szenen aus dem Leben des
Chief Bullhead. Wie auf einem
mittelalterlichen Wandteppich,
tummeln sich Hunderte von
Gestalten auf dieser Malerei.
Ein Führer erklärt die Bedeutung. Es gibt auch Fotos,
"Papoose" Bretter, Friedenspfeifen und verschiedene
Tanzkostüme.

Vergewissern Sie sich telefonisch, ob das Museum offen
ist. Auskunft: Tsuu T'ina Museum and Archives, 3700
Anderson Road SW, Calgary AB,
T2W 3C4, (403) 238-2677.

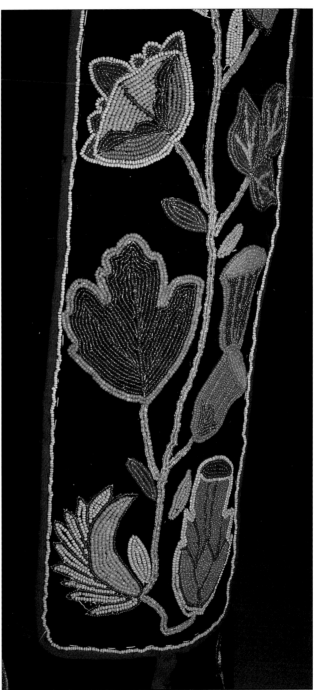

**Manche Experten meinen, der Kontakt mit russischen Pelzhändlern
hätte die Cree beeinflußt, andere behaupten, daß sie die Blumenmuster in der Perlenstickerei unabhängig davon entwickelt haben.**

# WELT - DENKMALSCHUTZ: HEAD-SMASHED-IN BUFFALO JUMP

Das teilweise unterirdische Interpretive Centre fügt sich in die Landschaft ein und paßt zu dem etwas versteckten "Jump", der rechts auf dem Bild zu sehen ist.
KLEINES BILD: Es ist selten, daß in einem Museum jedes Schild, jedes Exponat und jede Beschreibung nach langen Überlegungen von Blackfoot, Peigan und anderen Älteren festgelegt wird.

**B**ei Head-Smashed-In, in den Porcupine Hills in Alberta, ragt eine 11 m hohe Sandsteinklippe über einer 12 m tiefen Anhäufung von Knochen. Einst waren die Felsen höher, aber der große Knochenhaufen und die Abwetzung durch die Tiere lassen ihn niedriger erscheinen. Es gibt Beweise dafür, daß schon vor ca. 5700 Jahren und bis ca. 1800 dieses Absprunggebiet genutzt wurde.

Nach der Einführung des Pferdes wurden die Felswände nicht mehr benötigt, waren aber Funde für Knochensammler. Statt diesen Ort als archäologische Kuriosität abzuschreiben, begannen Eingeborene und nicht Indianer um 1960, ihn als Besuchsziel zu entwickeln. Das Resultat ist ein von Architekten entworfenes Besucherzentrum, teilweise unterirdisch, welches 1987 eröffnet wurde. Moderne Exponate umreißen die

Geschichte dieser Jagden und ordnen die Geschichten des "Napi," Schöpfers des Blackfootvolkes.

Die Eingeborenen arbeiteten von Anfang an diesem Projekt mit. Zunächst wurde das Personal für das archäologische Programm aus dem Peigan Reservat eingestellt. Später machten Teams von Eingeborenen die Entscheidung, wie die Exponate ausfallen sollen und wie die entsprechenden Geschichten dargestellt werden sollen. Die

**Asphaltierte Fußwege zum "Jump" machen es möglich, die Größe dieser Anlage zu überschauen.**

Reaktion von Millionen von Besuchern bestätigt, daß Außenseiter lieber den indianischen Standpunkt zur Kenntnis nehmen. Eingeborene geben weiterhin die Erklärungen im Zentrum und empfinden die Darstellung ihrer Geschichte als Genugtuung und interessant. Der Ort wird für Bildungszwecke erhalten und richtet sich nach den Bedingungen des UNESCO Weltkulturstätten Programms.

Diese und ähnliche Büffel-Absprungstellen wurden gemeinschaftlich benutzt. Läufer wurden entsandt, die Tiere ausfindig zu machen. Wenn sie eine Herde gefunden hatten, verbrachten sie Wochen, die Büffel in eine Schneise zu locken, wo Steine am Rande den Weg zu den Felsen zeigten. Männer, Frauen und Kinder halfen, die Tiere vorwärts zu treiben. Am Ende versammelten sich alle Stammesmitglieder und verursachten einen großen Tumult. Die erschreckten Tiere flohen, stürzten in die Tiefe und erhielten dort den Gnadenstoß durch Pfeil oder Speer.

Es wird Besuchern empfohlen auf der Straße hinter dem Zentrum in die ungewöhnlichen Hügel zu fahren. Dort sind Archäologen fündig geworden. Außer Tipiringen, Begräbnisstätten und Fallen, in denen Adler ihrer Federn wegen gefangen wurden, sieht man auch die Steine, welche die Schneisen einrahmten.

Es gibt Wege, auf denen man per Rollstuhl zur Seite des "Jump" gelangt. Man findet hier Exponate, einen Geschenkartikelladen, eine Cafeteria sowie ein Kino wo laufend Filme gezeigt werden. Zeitweilig werden auch spezielle Vorlesungen angeboten, bitte nachfragen. Jeden Juli gibt es hier ein größeres Powwow. Head-Smashed-In liegt 18 km von Fort McLeod auf der Highway 785. Auskunft: Head-Smashed-In Buffalo Jump Interpretive Centre, Box 1977, Fort McLeod, AB, T0L 0Z0. Tel. (403) 553-2731, oder (403) 265-0048, Fax (403) 553-3141.

## Kleine Kunstsammlungen der Indianer: Südalberta

| | |
|---|---|
| Museum und Kunstgalerie | Medicine Hat |
| East Irrigation District Museum | Scandia |
| Drumheller Fossil Museum, Stadtmitte | Drumheller |
| Whyte Museum | Banff |
| Nose Creek Valley Museum | Airdrie |
| Tracey's Antiques Museum | Hussar |
| Red Deer and District Museum | Red Deer |
| RMH Museum | Rocky Mountain House |

Auskunft erteilt Alberta Tourism, Tel. (403) 427-4321, Nulltarif 1-800-661-8888.

# Büffel Absprungstellen: Südalberta

Viele Besucher sind überrascht, wenn man ihnen sagt, daß Head-Smashed-In nach einem unglückseligen jungen Mann benannt wurde, der den falschen Moment wählte, unter einem Jump zu stehen.

Alle Teile der Büffel, inklusive deren Schädel, wurden von den einheimischen Jägern genutzt.

**V**or 1730 und der allmählichen Einführung des Pferdes verbündeten sich Stämme, um Büffel zu jagen. Es gab 60 Millionen Büffel in der Prärie vor Kontakt, doch zu Fuß hatte man keine Chance gegen eine solche Herde. Deshalb waren Büffel-Absprünge erheblich praktischer. Man erkennt sie an den Knochen, Pfeilspitzen

und zeremoniellen Gegenständen und kann sie über die ganze Kurzgrasprärie verteilt finden.

Sie sind, wie ein Riß in trockenem Lehm, Riesenrißе in der flachen Prairie. Um effektiv zu sein, muss die Absprungstelle vom Boden aus unsichtbar sein, der geringste Schatten könnte ihn verraten. Diese tiefen Schluchten, auch "Bluffs" oder "Coulees" genannt, sind

einzigartige Felsformationen, die bestens genutzt wurden.

Die Strategien, die bei einer Jagd angewendet werden sollen, wurden von gewissen Frauen und den Geheimbünden bestimmt. Wochenlang vor der Tötung verführten Scouts in Wolfskleidung die riesige Büffelherde in Richtung Absprunggebiet. Das ging nur langsam vonstatten und viele, in Schichten arbeitende, geduldige Menschen waren

# Die Büffelabsprungstelle der alten Frauen

**Dieser Büffelabsprung im** Squaw Coulee wurde 1952 entdeckt, als eine Überflutung Knochen und Pfeilspitzen unterhalb einer Klippe bloßlegte. Die Indianer erzählen von Männern und Frauen, welche in separaten Camps gewohnt haben. Die Frauen verloren ihre Geduld mit den Männern und bauten eigene Zäune, um die Herden in Richtung Klippen zu zwingen. Wenn immer ein paar Büffel sich in dieser Gegend verirrten, kamen die Frauen schreiend angelaufen und nötigten die Büffel in ihren Tod. Ob die Frauen dann ihr Fleisch mit den Männern teilten, wird nicht erwähnt.

notwendig. Schließlich, wenn die Herde ausgerichtet war, wurde sie in Panik versetzt und über die Felsen getrieben, wo sie mit Pfeilen den Todesstoß bekamen.

Nach einem solchen Ausgang gab es Unmengen von Fleisch, das in dünne Streifen geschnitten und in der Sonne getrocknet wurde. Spezielle, flache Lederkoffer, "Parfleche" genannt, dienten für den Transport des Fleisches. Anthropologen haben festgestellt, daß manche dieser "Jumps" nur ein oder zweimal pro Dekade benutzt wurden.

*Suddenly the buffalo were falling.*
By the time the panic-stricken lead buffalo topped the short rise before the cliff and saw the edge, it was too late. Its own momentum and the herd behind pressed it over the edge.

**Das Head-Smashed-In Buffalo Jump Museum ist gefüllt mit Anschauungsmaterial, welches die Geschichte der Büffelabsprünge lebendig und dramatisch darstellt.**

## Büffelabsprungstellen und Sehenswürdigkeiten

Auskunft: Alberta Tourism, (403) 427-4321, Nulltarif 1-800-661-8888

# WRITING-ON-STONE PROVINCIAL PARK: SÜDALBERTA

Die besten Petroglyphen findet man dort, wo das eigentlich flache Flußbett viele Felsen und Sandsteinklippen aufweist.

KLEINES BILD: Figuren mit erhobenen Armen sind charakteristisch und haben wohl eine Bedeutung in schamanistischen Bräuchen.

**D**er **Milk River** entspringt in Südwest-Alberta und Nord-Montana und fließt dann in den Missouri. Er mündet schließlich als einziger kanadischer Fluß in den Golf von Mexiko. Wegen der Vielzahl der Nebenflüße bilden Milk River und Missouri einen vielbenutzten Korridor durch ganz Nordamerika. Für die Eingeborenen war dies ein wichtiger Reiseweg. Manche benutzten ihn jedes Jahr.

Auch dieses Tal hat eine reiche archäologische Geschichte. Mehrere der Sandsteinfelsen sind mit Petroglyphen bedeckt. Experten meinen, das ganze Gebiet sei Zentrum für religiöse Handlungen gewesen, da die Geister dort leichten Zugang hatten. Shamanen und ihre Novizen nutzten es wahrscheinlich als eine Art spirituelle Klausur. Die frühesten, bekannten Petroglyphen stammen wahrscheinlich von Shoshoni, Assiniboine und Gros Ventre, alles Vorfahren der Blackfoot, die sich später hier ansiedelten.

Die besterhaltenen sind in Writing-On-Stone Park, ein ziemlich flaches Flußbett, aber mit mehreren Sandsteinfelsen und seltsamen Felsformationen. Das Überleben solcher

Petroglyphen hängt von der Luftfeuchtigkeit und Bakterien ab. Hier ist die Umwelt ideal mit Wüstenklima und dem weichen, gegen Algen widerstandsfähigen Sandstein. Höhlenmalereien in Deutschland, Italien, Belgien, Frankreich, Spanien und Großbritannien werden oft in Gegenden gefunden wo auch Knochenreste vorhanden sind. Das Alter des organischen Materials kann man feststellen und somit dasjenige der Bilder. Organisches Material wird nicht mit Petroglyphen in Verbindung gebracht, aber Experten behaupten, dass sie um dos Jahr 500 entstanden sind.

Ihre genaue Bedeutung ist unbekannt, da aber der Milk River ein Ort der Visionssuche war, wird viel spekuliert. Eines der Wandbilder stellt eine Schlacht zwischen Dutzenden von bewaffneten, berittenen Kriegern dar. Andere zeigen Büffeljagden, Bergziegen, Wapiti und Rehe. Aus der Sagenwelt finden wir den Geist des Pferdes und ein himmlischer Vogel, wohl Donnervogel gut repräsentiert. Auf vielen wichtigen Darstellungen haben Menschen erhobene Arme. Auf anderen sieht man Skelette, die ein Herz in verschiedenen Stellen haben, was auf die schamanistische Vorstellung von Transformation hinweist.

Das trockene Klima des Milk River ist bei Ruderern beliebt. Die Saison zieht sich von April bis September. Dieser Fluß ist Klasse 1 für Kanus und über 385 km befahrbar. Ein internationales Abkommen zwischen Kanada und den U.S. überwacht den Wasserstand. Obwohl normalerweise der Wasserspiegel reguliert wird, können Ausnahmejahre vorkommen; man sollte sich, bevor man einen Trip plant, erkundigen. Manche der Petroglyphen sind nur vom Wasser aus sichtbar.

Writing-On-Stone Provincial Park liegt 125 km südöstlich von Lethbridge an der Highway 4. Landtouren zu den Petroglyphen können nur mit Begleitung eines Führers gemacht werden. Im Sommer gibt es regelmäßige Abfahrten. Auskunft: Writing-On-Stone Provincial Park, Box 297, Milk River, AB, T0K 1M0, (403) 647-2364; bei Chinook Country Tourist Association, 2805 Scenic Drive, Lethbridge, AB, T1K 5B7, Tel.(403) 320-1222, Nulltarif 1-800-661-1222; oder Milk River Raft Tours, Box 396, Milk River, AB, T0K 1M0, (403) 647-3586.

## Eine moderne Geschichtenerzählerin

**Brenda Andrews wurde in** einer weißen Familie verständnisvoll erzogen, doch beschäftigte sie stets ihre Cree Herkunft. Die lange Reise zurück in ihre Eingeborenenheimat hat ihrem Leben Sinn gegeben. Jetzt wohnt sie an der Küste und hilft als Lehrerassistentin, den Kindern von Eingeborenen ihre eigenen Wurzeln zu finden. Miss Andrews ist Puppenspielerin und in ihren Klassen für Erwachsene und Kinder hat sie Gelegenheit, die Geschichten der Indianer wiederzugeben. "Ich suche das Kind in jedem," sagt sie, "und das geht am besten durch Geschichten". Native Legend Marionettentheater kann man buchen. (604) 380-6818.

# TIPI RINGE: CARMANGAY UND EMPRESS

Tipiringe sind Verfärbungen des Grases, wo einst die Indianer Steine gelegt haben, um die Säume ihrer Zelte zu beschweren. Obwohl diese Camps längst verlassen wurden, sagt man, der Geist der Ahnen atmet hier.

**T**ipiringe sind keine heiligen Kreise. Sie sind Spuren der Steine, welche prähistorische Menschen benutzten, um den Saum ihrer konischen Zelte aus Tierhäuten festzuankern. Diese frühgeschichtlichen Zelte wurden über einen 3 oder 4 Pfosten Rahmen gebildet, welche aus Kieferstämmen, die wahrscheinlich aus den Rockies kamen, bestanden. Um die Wohnung zu bauen setzte man die Pfosten zunächst lose in den Boden, legte zusammengenähte

Büffelhäute darüber, dann wurden die Pfosten befestigt, so daß sich die Haut spannte. Zwei Klappen regulierten den Rauchabzug. Der unterste Saum wurde mit Steinen beschwert, um ihn zu befestigen. Wenn das Camp fortzog, blieben die Steine zur Verwendung beim nächsten Besuch.

Neun solcher Tipiringe, die heute nur noch Verfärbungen des Grases sind, gibt es in Carmangay. Es ist wahrscheinlich, daß dieses Gebiet jeden Sommer zwischen den Jahren 200 und 1700 bewohnt war. Ausgrabungen haben Scherben, zerbrochenes Gerät und

Stücke von Büffelknochen an den Tag gebracht. Eine Pfeilspitze wurde gefunden.

Carmangay liegt an der Highway 23, 20 km östlich von Claresholm. Ein Schild weist auf die Stelle hin. Auskunft: Chinook Country Tourist Association, 2805 Scenic Drive, Lethbridge, AB, T1K 5B7, Tel. (403) 320-1222, Nulltarif 1-800-661-1222.

Noch ein interessanter Ort liegt nahe bei Empress auf der Highway 41 und 562. Dort gibt es Tipiringe, einen Zauberkreis und einen Büffelabsprung. Auskunft (nur im Sommer) (403) 565- 3983.

# POWWOWS: SÜDALBERTA

**Drehend und wirbelnd tanzen die Indianer ihre Kultur zelebrierend. Zwischen Auftritten ist jeder auch Zuschauer.**

**F**rüher tanzten nur männliche Krieger, aber jetzt sind Powwows Treffpunkte beider Geschlechter und jeden Alters. Aus allen Enden Albertas und den nördlichen U.S. folgen die Indianer den Festen.

Powwows sind keine Vorstellungen für Trouristen, jedoch hat man nichts gegen sie einzuwenden, solange sie ihre vorgefaßten Meinungen ablegen. Es gibt die "indianische Zeit" wirklich, und Besucher die Pünktlichkeit erwarten, oder saubere W.C.s werden enttäuscht sein. Die meiste Zeit zwischen den Tänzen wird mit Spazieren auf dem Platz und "hot dog" Essen mit nichtalkoholischen Getränken, verbracht.

Jene, welche Verständnis für dieses Spektakel aufbringen, haben die Gelegenheit in eine glückliche Welt zu schauen. Die Federn, das Singen und Trommeln wirkt für Indianer entspannend und sie sind zu solchen Zeiten am wenigsten reserviert. Ältere mögen die Einigkeit des Zusammentreffens und es gibt mehrere Zeremonien. Es könnte öffentliche Trauer für die Verschiedenen geben, auch Decken werden geschenkt und Namen vergeben. Meistens funktioniert die Lautsprecheranlage nicht, das Tanzen nimmt kein Ende und die jungen Leute feiern bis in die Nacht hinein.

Wer ein solches einmaliges Erlebnis sucht, muß vorausplanen. Verlassen Sie sich nicht auf vorgedruckte Termine. Powwows können verlegt werden, wenn immer es dem Verband paßt. Für Bestätigungen in letzter Minute ruft man das nächste "band council" an oder das Native Friendship Centre. Verlangen Sie die "Powwow Liste". Auskunft erteilt der Alberta Tourism, (403) 427-4321, Nulltarif 1-800-661-8888.

## Große Powwow Treffen: Alberta

| | |
|---|---|
| Jährliches Powwow, Saddle Lake | Juni |
| Poundmaker Nechi Powwow, St.Albert | Juli |
| Alexis Jährliches Powwow, Glenevis | Juli |
| Indian Days und Powwow, Standoff | Juli |
| Buffalo Days und Tipi Village, Fort McLeod | Juli |
| Treffen der Völker, Bragg Creek | Juli |
| Powwow und Tipi Village, Head-Smashed-In | Juli |
| Peigan Völker Powwow, Brocket | Juli |
| Powwow, Lac La Biche | Juli |
| Ermineskin Cree Powwow, Hobemma | August |

# TÄNZE: NÖRDLICHE PRÄRIEN

**F**ür den Men's Fancy Dance sind kunstvolle Kostüme und komplizierte Tanzschritte nötig. Die runden Federbausche werden am Rücken befestigt. Die Haartracht heißt "roaches". In den 1920er Jahren wurden die Bausche größer, Kosmische Dessins eingeführt und die Farben lebhafter. Das alles war den Älteren zu extrem. Heute geht man jedoch noch weiter: die Tänzer haben grelle Farben, bis zu 3 Bauschen, Arm-bausche, und "roaches" mit rotierenden Federn. Sie heben die Beine und Füße höher und drehen sich in Piruetten um Aufmerksamkeit auf sich zu ziehen.

**Der traditionelle Tanz der Männer entwickelte** sich aus alten Krieger-Riten. Manche meinen die Bewegungen dieses Tanzes erinnern an das Buhlen eines Präriehahnes. Durch die Nachahmung des Hahnes soll Ähnliches für Menschen bewirkt werden. Andere sehen den "Traditional Chicken Dance" als eine Variation des "Sneakup" Tanzes, bei welchem die Entdeckung eines verwundeten Feindes dargestellt wird. Erst geht man mutig heran, wirbelt dann plötzlich fort für den Fall, daß er noch bewaffnet ist. Bei beiden Arten des Männertanzes, traditionell oder phantasievoll, werden große Bewegungen des Körpers, die auf und ab gehen, angewendet; auch Augen und Kopf werden verdreht und man wirbelt, dreht und windet sich.

**Der Rhythmus der "Grass Dancers" soll auf-**
fallen. Früher gehörten sie zu Kriegsvereinen,
obwohl ihre Bewegungen auch die Jagd imi-
tieren. Im Unterschied zu den "Fancy Dancers"
haben sie mehr wiegende Bewegungen und
tiefere Knickse. Früher wurde ein Gras mit
süßlichem Geruch in ihre Kleider eingewebt. Sie
tragen jetzt Material aus buntem Garn und
Bausche gibt es nicht. Während des großen
Einzugs kommen sie vor den "Fancy Dancers".
Powwows beweisen, daß die Kultur der Indianer noch intakt ist.

**"Jingle Dancers" heißen so, weil sie in den**
Saum ihrer Kleider kleine Metallzapfen in Rei-
hen eingenäht haben. Einst waren sie aus
Schnupftabakdosendeckeln hergestellt. "Jingle
Dancers" sind eine Ergänzung zu anderen
Tänzerinnen, die farbenfrohe Schals mit
Fransen haben. Wenn "Jingle Dancers" als
Gruppe tanzen, sind ihre sanften Bewegungen
synchronisiert, damit die "Glöckchen" im Chor
klingeln. Im Unterschied zu den männlichen
Tänzen sind ihre Bewegungen weiche, auf Ze-
hen und Fersen sich vorwärts wiegende
Schritte. Man sagt, daß jeder einzelne der sanf-
ten Schritte einer Frau den Respekt für Mutter
Erde veranschaulicht. Andere Arten weiblicher
Tänze sind der Schaltanz und "Ladies Fancy
Dancing."

# PROVINCIAL MUSEUM: EDMONTON

**D**as Provinicial Museum in Edmonton eröffnete vor kurzem eine neue Galerie, um die Eingeborenenkultur der Prärien vorzustellen. Diese Galerie ist 900 qm groß und angeblich eine der umfassendsten Ausstellungen in Alberta. Die Exponate überspannen die Jahrtausende von der Ankunft der Urbevölkerung bis zum ersten Kontakt mit den weißen Siedlern und der Begegnung mit dem Pferd.

Die erste Abteilung der neuen Galerie heißt "In All Their Finery" (in ihrer Galaaufmachung). Mit über hundert repräsentativen Einzelheiten wird das Leben der Eingeborenen im Norden dargestellt. Darunter sind ein Tipi, bestickte Kleidung und Waffen; sogar ein "Travois" in voller Größe.

In einer anderen Abteilung sind Ausstellungen, die über Rinde und Fell informieren, sowie über die Verwendung des Büffels und wie man Stachelschwein - Stacheln für die Dekoration der Kleidung präpariert. Die besondere Verbindung der Indianer mit der Natur wird durch ihre Verwendung von Pflanzen als Heilmittel dargestellt. Es gibt Vorstellungen, Vorlesungen und Filme; bitte vorher anrufen. Auch eine Cafeteria und ein Geschenkartikelladen fehlen nicht. Auskunft: The Provincial Museum of Alberta, 12645 102 Ave, Edmonton, AB, T5N 0M6, Tel. (403) 453 9100, oder per Tonband: (403) 427-1786.

Manchmal kann man das Strathcona Archäological Centre besuchen, welches über einer 5000 Jahre alten Ausgrabungsstelle, die lange Zeit bearbeitet wurde, gebaut ist. Hier fanden Eingeborene quartzhaltiges Gestein und nutzten es für die Herstellung von Werkzeug. Auskunft: (403) 427-2022 oder (403) 427-9487.

**Ein traditionelles indianisches Winterkleid**

## Der Traumfänger

**Traumfänger sollen starke** Beschützer gegen böse Träume sein. Man hängt sie einfach an ein Schlafzimmerfenster. Nachts verfangen sich böse Träume, die ein Opfer suchen, im Netz. Am Tage wird der schlechte Traum von der warmen Sonne ver-brannt. So ist der Fänger gereinigt und für weiteren Gebrauch geeignet. Traumfänger stammen aus der Ojibway Tradition, man kann sie in Läden bekommen, die indianisches Kunsthandwerk anbieten.

# Indianisches Kunstwerk: Edmonton

Traditionelle Präriekunst steht malerisch in einer Gruppierung. Spezielle Erlaubnis wurde erteilt, dieses Foto zu machen, weil darunter auch sakrale Objekte sind.
KLEINES BILD: Künstler aus den Prärien schaffen Neues aus Wildleder.

**V**erschiedene Edmonton Gallerien stellen Gravüren, Siebdrucke, und Originalwerke vieler moderner indianischer Künstler aus. Originale von emporkommenden Künstlern wie John Littlechild, Rick Beaver, Maxine Noel und Jim Logan setzen einen neuen Standard für die Kunst der Eingeborenen. Edmonton interessiert sich für Inuit Speckstein Skulpturen, limitierte Ausgaben von Drucken aus Cape Dorset, Gobelins aus der westlichen Arktik und andere Beispiele der Kunst aus dem Norden. Manche Galerien verkaufen Masken, Holzschnitzereien und Schmuck aus unterschiedlichen Traditionen. Südwestliches Navajo Türkis liegt neben eingraviertem Sterling Silber von der Westküste. Einige der nördlichen Handwerkskunstexemplare sind Mokassins von den Dene und Slavey und Haarspangen aus Elchbart und Mukluks - letztere sind kniehohe Mokassins. In einigen Geschäften gibt es auch Steatitskulpturen. Ursprünglich wurden daraus Friedenspfeifen gemacht, aber jetzt wird das Material auch anders verwendet. Eskimo-Düffeljacken und perlenbestickte Gürtel sind Beispiele nördlicher Kleidung.

## Kunst Der Eingeborenen: Edmonton

**Alberta Indian Arts and Crafts Society Show,**
im August, (403) 426-2048

**Bearclaw Gallery,**
10403-124 St., Edmonton
(403) 482-1204

**Fort Door Indian Crafts,**
10308 - 81 Ave, Edmonton
(403) 432-7535

**Front Gallery,**
12312 Jasper Ave, Edmonton
(403) 488-2952

**Great Canadian Aboriginal**

**Trading Co.,**
10590-109 St. Edmonton
(403) 423-1744

**Indian Trader,**
West Edmonton Mall, Edmonton (403) 444-1165

**White Braid Society,**
11205-101 Street, Edmonton
(403) 471-4940

**Northern Images,**
Parklane, West Edmonton Mall, Edmonton
(403) 444-1995

# BÜFFELRESERVAT: ELK ISLAND NATIONAL PARK

Hunderttausende von Büffeln durchstreiften einst die Prärien von Westkanada.

**H**ege und Schutz der Büffel wird immer komplizierter. Parks wie Elk Island National Park und Wood Buffalo National Park wurden beide 1920, mit der lobenswerten Absicht, die noch verbleibenden Büffelherden zu retten, gegründet. Gleich am Anfang beging man einige Fehler. Als die Herden zu zahlreich für ihre Weiden wurden, transportierte man sie zu anderen Parks. Die daraus entstandene Zucht verbreitete Krankheiten unter der Nachkommenschaft und manche Rassen wurden geschwächt - zu der Zeit hatte man sie nicht als besondere Blutlinien erkannt. In 1957 wurde eine ausgestorben geglaubte Art in isolierter Wildnis im nördlichen Park entdeckt. Leider sind jetzt alle an einer chronischen Form von Tuberkulosis erkrankt. Die Farmer aus der Gegend wollen, daß die Büffelherden

vernichtet werden, obwohl es nicht klar ist, ob die Krankheit sich durch Kontakt mit dem Vieh verbreiten kann. Mehr als 40'000 Büffel wurden in der letzten Dekade vernichtet. Ihr Schicksal weckt öffentliche Sorge.

Im Elk Island National Park sind die Tiere gesund und vermehren sich gut. Dieser Park liegt 45 km östlich von Edmonton auf der Highway 16. Autos müssen den Park erst

umfahren.

Das Astotin Interpretive Centre fördert Programme über die Natur. Auskunft: Elk Island National Park, Tel.(403) 992-5790, Fax (403) 998-3686.

## Lac Ste. Anne Wallfahrt

**Im XIX Jahrhundert reiste** eine Gruppe frommer Indianer weit,um sich hier in der Mission taufen zu lassen. Eine Wiederholung dieser Wallfahrt findet jeden Juli statt. Tausende von Menschen, Indianer, aber auch andere gehen den Weg in Lac Ste. Anne.

Auskunft: Village of Onoway, (403) 967-5338.

# Big Knife Provincial Park: Battle River

**V**or mehr als 200 Jahren war dieses Gebiet Gegenstand einer Auseinandersetzung zwischen der Blackfoot Konföderation und den Cree Völkern. Es gab viele Plänkeleien zwischen den seit langem traditionellen Feinden. Eine indianische Geschichte erzählt, daß zwei berühmte Krieger schließlich hier aufeinander trafen: Big Man, ein Cree und Knife,

**Zusätzlich zu dem berühmten Kampf ist das Flußtal bei diesem Park auch dafür bekannt, daß während der ersten Dekaden dieses Jahrhunderts Indianer aus den nördlichen U.S.A. und aus Westkanada sich hier im Sommer trafen.**

ein Blackfoot. Es gab einen grausamen Kampf bis zum Tode beider. Der Fluß wird "Big Knife", zu Ehren beider Krieger genannt.

Es gab oft Krieg zwischen Gruppen aus der Prärie, aber nicht in dem Sinne wie er meistens von Außenstehenden verstanden wird. Nicht Aggressivität, sondern Mut waren anerkannt und Töten wurde selten honoriert. Die Waffen eines Gegners zu erbeuten verdiente höchste Ehre, dann Skalpieren, und an dritter Stelle war die Eroberung eines Pferdes. Das Skalpieren übrigens verursachte nicht unbedingt den Tod.

In vielen Plänkeleien waren die Handlungen symbolisch. Über die offene Prärie zu reiten, einen Feind zu finden und ihn nur zu berühren. Das war als "counting coup" bekannt.

Selten nur eskalierte Krieg zu einem totalen Massaker. Deshalb wird Big Knife eher als Ausnahme, nicht als Regel geehrt.

Big Knife Provincial Park ist ein kleiner Picknickplatz an der Highway 855 zwischen Halkirk und Heisler. Informationen bekommt man bei der Battle River Tourist Association, Box 1515, Camrose, AB, T4V 1X4, Tel. (403) 672-8555, Fax (403) 672-0711.

**Ein Tomahawk war eine gut ausgewogene Waffe, die gewöhnlich in Hollywood Filmen falsch dargestellt wird.**

## Kleine Indianische Kunsthandwerk-Sammlungen: Zentral und Nordalberta

| | |
|---|---|
| Wetaskiwin and District Museum | Wetaskiwin |
| Museé Heritage Museum | St Albert |
| Sodbuster's Archiv und Museum | Strome |
| Fort Chipewyan Bicentennial Museum | Fort Chipewyan |
| Girouxville Museum | Girouxville |
| Native Cultural Arts Museum | Grouard |
| Centennial Museum und Archiv | Peace River |
| Cultural Museum | Saddle Lake |
| High Prairie and District Museum | High Prairie |
| Slave Lake Native Friendship Centre | Slave Lake |

**Auskunft erteilt Alberta Tourism, Tel. (403) 427-4321 Nulltarif 1-800-661-8888.**

# ST. MARY'S KIRCHE: RED DEER

**1**966 schenkte ein in Deutschland geborener Pater der Oblaten, Werner Marx, sein Vertrauen einem Blackfoot Architekten, der als Aussenstehender angesehen war, seine neue Kirche zu entwerfen. Dieser Architekt hatte eine steile Karriere, deren Krönung sein Entwurf des Canadian Museum of Civilization in Ottawa ist.

Die Karriere des Herrn Cardinal könnte man als Kombination von visionärer Leidenschaft und der Abscheu gegen Rechtecke charakterisieren. Man sagt, daß die Geographie des Battle River Tales in all seinen Werken erkennbar ist.

Am besten sieht man St.Mary's Kirche, wenn man zunächst um sie herumgeht. Dachteile scheinen zu verschwinden, um dann wieder sichtbar zu werden. Nun kann man verstehen, warum die Komputerkalkulationen für dieses Dach an eine der bedeutendsten Universitäten in Amerika vergeben wurden. Drei leere Stellen im Glockenturm werden ihre Glocken erhalten, sobald die Pfarrei sie sich leisten kann. Das spiralenförmige Dessin stellt die sieben Sakramente dar, wobei "die Taufe" auch von außen sichtbar ist. "Der Altar," sagt Herr Cardinal, "ist nicht mit Seide bedeckt sondern mit Naturleinen".

Unter anderem studierte er die Eingeborenenkulturen in New Mexico und wurde von Texas sehr beeinflußt. Nach einigen Jahren in den 70ern

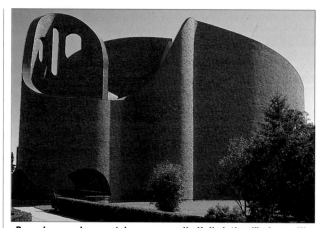

**Besucher werden verstehen, warum die Kalkulation für das wellige Dach an eine amerikanische Universität vergeben wurde. Damals gab es keinen Komputer in Kanada, der dies hättte bewältigen können.**

die ihn viel Kraft kosteten, begleitete er Chief Robert Smallboy zu einem Camp in den Rocky Mountains, wo er durch Fasten und Schwitzen Erholung suchte. Eine Zeitlang wurde er von einem Arapahoe Medizinmann unterwiesen. All diese Erfahrungen tragen zum Erfolg in seinem Beruf bei. Der Zauberkreis, so wichtig für die Kultur der Eingeborenen, wiederspiegelt sich in seinen Entwürfen.

Information über St. Mary's gibt es beim David Thompson Tourist Council,

4836 Ross St., Red Deer, AB, T4N 5E8, (403) 342-2032.

## Foto Safari: Cardinals Architektur

| | |
|---|---|
| Cardinal's eigenes Studio | Stoney Plain |
| St. Mary's Kirche | Red Deer |
| Stettler Hospital | Stettler |
| Grand Prairie Regional College und Theatre | Grand Prairie |
| Ponoka Provincial Building | Ponoka |
| Kehewin Indianisches Dorf | Grouard |
| Indian Métis Rehabilitationszentrum | Bonnyville |
| St. Albert Platz | St. Albert |
| Canadian Museum of Civilization | Ottawa, Ontario |

# RIBSTONES HISTORISCHE STÄTTE: VIKING

**A**n dieser heiligen Stelle befinden sich unter anderen zwei weiße Quarzitsteine, wichtig für die Cree Jagdrituale. Zentimetertiefe Risse, mindestens 1000 Jahre alt, zeichnen eines Büffels Rückgrat und Rippen. Die Steine stellen zwei Tiere dar, ein männliches und ein weibliches.

Von einem Gletscherhügel breitet sich die flache Prärie in allen Richtungen aus. Jäger die dort stehen, können ca 250 qkm Land überblicken. Wenn die Herden sich irgendwo in der Gegend bewegten , konnten sie verfolgt werden.

Nach einer Tötung brachte man gewisse Büffel an diese Stelle. Hier wurde geopfert und rituelle Handlungen durchgeführt, um weiterhin erfolgreich zu jagen und dass die Büffel fruchtbar bleiben. Der mit diesen Riten verbundene heilige Zubehör bestand aus Medizinpfeifen, "sweetgrass" oder Kiefernadeln, einer Rassel, rotem Lehmpuder, Büffelfell und den Steinen selbst.

Als die Siedler um 1900 hier

**Die großen Büffelherden sind verschwunden, aber wer auf dem Hügel steht, kann den Geist der Tiere über den Horizont hinaus noch spüren.**

ankamen, wurden die Steine immer noch verwendet. Indianer brachten regelmäßig Perlen, Tabak und Fleisch für die Steine. Auch heute noch ist es nicht ungewöhnlich, dort Blumen, Pilze und andere kleine Gaben zu finden.

Die Steine befinden sich auf einer Seitenstraße nahe Kinsella. Um sie zu finden fährt man 8 km südlich von Viking zur Kreuzung der 26/36, dann zur Nebenstraße 615. Nach 11,7 km rechts abbiegen. Nun sind es noch 2,4 km. Der Ort ist mit kleinen

Pfeilen markiert. Auskunft: Battle River Tourist Association, Box 1515, Camrose, AB, T4V 1X4, (403) 672-8555.

## Sondertouren: Abfahrten von Nordalberta

**Athabaska Delta Interpretive Tours,** Box 178, Fort Chipewyan, AB, T0P 1B0, Tel. (403) 697-3521; 8 Stunden per Boot auf historischen Wasserwegen; oder Wildnisurlaub mit Übernachtung.

**Blair Jean Wilderness Tours,** 13 MacIver St, Fort MacMurray, AB, T9H 2Z6, (403) 791-4500, per Jetboot oder über Land, Wochenend-Abgeschiedenheit mit

Wohnen in Blockhäusem

**Chincaga River Tours,** Box 40, Manning, AB, T0H 2M0, kein Telefon, mit Flußboot, 1 bis 7 Tage, Wild und Vögel beobachten.

**Eagle Plains Guiding,** Box 859, Onoway, AB T0E 1V0, (403) 967-5446.

**Sub Arctic Wilderness Adventures,** Box 685, Fort Smith, NWT, X0E 0P0, (403) 872-2467; per

Hundeschlitten 7 bis 13 Tage, man wohnt bei privaten Familien; Trecken im Wood Buffalo National Park; entsprechende Ausrüstung kann geliehen werden.

**Tar Island River Cruises,** Box 5070, Peace River, AB T8S 1R7, (403) 624-4295; per Jetboot, 1 Tag entlang des Peace River, Fossilien suchen, und es wird gegrillt.

# EINSCHLÄGIGE LITERATUR

Bancroft-Hunt, Norman, *North American Indians,* Philadelphia, Courage Books, 1992

Barry, P.S., *Mystical Themes in Milk River Rock Art,* Edmonton, University of Alberta Press, 1991

Colombo, John Robert, *Songs of the Indians ,* Part I and Part II, Ottawa, Multiculturalism Directorate of the Government of Canada, 1983

Clark, Ella Elizabeth, *Indian Legends of Canada,* Toronto, McClelland and Stewart Ltd, 1974

Daley, Richard and Chris Arnett, *They Write Their Dreams on the Rock Forever,* Vancouver, Talonbooks, 1993

Fagan, Brian M., *People of the Earth,* Glenview Illinois, Scott, Foremand and Company, 1989

Foster, John and Dick Harrison and I.S. MacLaren, *Buffalo,* Edmonton, University of Alberta Press, 1992

Harris, Robert Charles, *The Best of B.C.'s Hiking Trails,* Vancouver, MacLean Hunter, 1986

Indian and Northern Affairs Canada, *The Canadian Indian,* Minister of Supply and Services Canada, 1990

Jensen, Vicki, *Where The People Gather,* Vancouver/Toronto, Douglas and McIntyre, 1992

Kew, Della and P.E. Goddard, *Indian Art and Culture of the Northwest Coast,* North Vancouver B.C., Hancock House Publishers, 1974

Kramer, Pat, *B.C. For Free and Almost Free,* Vancouver, Whitecap Books, 1993

Kramer, Pat, *Understanding Totems,* Banff, Altitude Publishing, 1995

MacDonald, Joanne, *Gitwangak Village Life, A Museum Collection,* Hull Quebec, Canadian Government Publishing Centre, 1984

Macaree, Mary and David, *109 Walks in B.C.'s Lower Mainland,* Seattle, The Mountaineers, 1976

MacMillan, Alan D., *Native Peoples and Cultures of Canada: An Anthropological Overview,* Vancouver/Toronto, Douglas and McIntyre, 1988

Paquet, Maggie M. 1990, *Parks of British Columbia and The Yukon.* MAIA Publishing Ltd. N. Vancouver

Patton, Brian and Bart Robinson, *The Canadian Rockies Trail Guide,* Banff, Summerthought Ltd., 1986

Rothenburger, Mel, *The Chilcotin War,* Langley B.C., Mr. Paperback, 1978

Stewart, Hilary, *Indian Fishing,* Vancouver/Toronto, Douglas and McIntyre, 1982

Stewart, Hilary, *Looking at Totem Poles,* Vancouver/Toronto, Douglas and McIntyre, 1993

Stewart, Hilary, *The Adventures and Sufferings of John R. Jewitt Captive of Maquinna,* Vancouver/Toronto, Douglas and McIntyre, 1987

Turner, Nancy Dr., *Plants in B.C. Indian Technology,* B.C. Provincial Museum Handbooks, Victoria, Queens Printer, 1991

Turner, Nancy Dr., Food *Plants of Coastal Peoples,* Part 1 and Part 2, B.C. Provincial Museum Handbooks, Victoria, Queens Printer, 1991

Vancouver Art Gallery, *Emily Carr,* North Vancouver, J.J. Douglas Ltd., 1977

Whyte, Jon, *Indians of the Rockies,* Banff, Altitude Publishing, 1985

# Index

# INDEX

# INDEX

# DIE AUTORIN

"Ich habe das Gefühl, dieses Buch ist mehr geworden als ein Projekt. Es wurde die Reise einer Neueingeweihten," sagt Pat Kramer. Sie überlebte einen Tornado, gleich nachdem sie die Zauberkreise fotografiert hatte, und während sie ein Schwitzhaus abgelichtet hatte, kamen die Bären, was noch nervenaufreibender war. Niemand wußte von ihrer Ankunft in Kitwancool, trotzdem kam ein Älterer zu ihr und erzählte eine lange Geschichte. "Ein Wind der zu stark bläst, weht oft in die falsche Richtung," sagte er. Frau Kramer hat das so verstanden, daß sie nicht alles was sie auf ihrer Reise entdeckt hat, offenbaren soll. Aber sie offenbart vieles, mit Erlaubnis ihrer indianischen Kontakte, genug um den Leser zu einer eigenen Reise zu motivieren.

Pat Kramer arbeitete zum ersten mal mit Eingeborenen, als sie für eine Diplomarbeit in Alberta recherchierte. Schon lange nach B.C. umgezogen, lehrt sie am Native Education Centre in Vancouver. Sie freut sich über die Verbindung mit den eingeborenen Schülern, die selbst ein Touristikunternehmen in Angriff nehmen wollen. "Ich hoffe, daß dieses Buch und der Beitrag der Indianergemeinschaft dazu, in gewisser Weise die Anstrengungen der Promovierten fördern," sagt sie.

Zwischen dem Lehren und Schreiben findet sie noch Zeit, spezielle Reisetouren von den uralten Klippenstädten in Arizona bis zur Suche nach therapeutischen Quellen in Nord B.C. zu organisieren. Sie ist außerdem Leiterin der Western Canadian Tour Directors Association und Vorsitzende eines Teams, welches den Standard für kanadische Rieseleiter festlegen wird.

Sie hat weitere Bücher geschrieben: "B.C. for Free and Almost Free," herausgegeben von Whitecap Books und "Understanding Totems," herausgegeben von Altitude Publishing. Sie hofft, in der nahen Zukunft ein Buch über Amateurgoldwaschen und Geisterstädte in B.C. in Angriff zu nehmen.

## Fotonachweis

Alle Fotografien sind von der Autorin, ausser den nachfolgend angeführten.
Alberta Tourism: 144A, 144B
BC Archives and Records
  Services: 31 (27429)
Chris Cheadle: 10, 46, 47
Eagle Dancer Enterprises Ltd.
  (© Roy Henry Vickers): 39
Glenbow Museum: 9A, 101, 138
Don Harmon: 112, 114
Head Smashed In Buffalo
  Jump: 140A, 141, 142A, 142B
Dennis Schmidt: 152
Whyte Museum of the
  Canadian Rockies: 109
  (NA71-3094, Byron Harmon),
  122 (NA71-3181), 123 (Elliot
  Barnes), 125 (Byron Harmon)
Rupert Wong (West Coast
  Expeditions): 43